AF589766

Numéro 81-82 Septembre, Octobre 1929

LA BROCHURE MENSUELLE

PARAIT LE 15 DE CHAQUE MOIS

Rédaction et Administration : BIDAULT, 39, Rue de Bretagne, Paris-3e

EDOUARD ROTHEN

La Liberté Individuelle

EDITIONS DU

Groupe de Propagande par la Brochure

En dépôt : *LIBRAIRIE DES VULGARISATIONS*

Sociales, Scientifiques, Littéraires

39, Rue de Bretagne — Paris-3e

Au Lecteur,

Nous estimons que la diffusion des principes libertaires, que le libre examen et la juste critique de ce qui est autour de nous ne peuvent que favoriser le développement intégral de ceux qui nous liront.

Montrer combien l'autorité est irrationnelle et immorale, la combattre sous toutes ses formes, lutter contre les préjugés, faire penser. Permettre aux hommes de s'affranchir eux-mêmes d'abord, des autres ensuite; faire que ceux qui s'ignorent naissent à nouveau, préparer pour tous, ce qui est déjà possible pour les quelques-uns que nous sommes, une société harmonieuse d'hommes conscients, prélude d'un monde de liberté et d'amour.

Voilà notre œuvre; elle sera l'œuvre de tous si tous veulent, animés de l'esprit de vérité et de justice, marcher à la conquête d'un meilleur devenir.

Camarades, aidez-nous, en souscrivant de nombreux abonnements à « *La Brochure Mensuelle* ».

Pour la **France** : un an, 12 francs; six mois, 6 francs, donnant droit à 5 ou 10 brochures par mois.

Abonnement d'essai : un exemplaire chaque mois, 3 francs.

Contre un timbre de 0 fr. 50, nous expédions 3 brochures specimens différentes.

Pour les envois de fonds, utilisez toujours le chèque postal : *Bidault-Paris* 239-02, c'est le moins cher, le plus certain.

Renseignez-vous sur les avantages accordés aux abonnés.

Préambule

Depuis dix ans, devant les progrès du fascisme qui répand sa peste, ouvertement ou sournoisement, dans les régimes démocratiques comme dans les monarchies plus ou moins absolues, il n'est pas un citoyen soucieux d'un avenir véritablement républicain, il n'est pas un homme épris d'une forme d'idéalisme plus ou moins large et audacieuse, dont l'inquiétude n'ait été mise en éveil par l'assaut persévérant et de plus en plus agressif livré contre la liberté individuelle.

Il ne s'agit pas seulement d'attentats à des libertés politiques qui ne sont trop souvent que des formules pompeuses et vides de sens : il s'agit surtout de la vraie liberté, celle de la personne, de ses mouvements et de sa pensée, la liberté de fait sans laquelle toutes les autres demeurent des mystifications.

La Ligue des Droits de l'Homme, — *à laquelle nous avons abondamment emprunté notre documentation pour qu'elle ne puisse être mise en doute et que nos conclusions aient un fondement sérieux — dénonçait dernièrement ces menaces croissantes contre toutes les formes de liberté et ajoutait : « Depuis 31 ans qu'elle existe, la Ligue n'a jamais vu la dictature de la police s'exercer aussi insolente. »*

A la lutte plus nécessaire que jamais pour la défense de la liberté individuelle et pour une humanité qui cessera d'être la plus sauvage des jungles, nous apportons aujourd'hui notre contribution par notre brochure. Que ceux à qui elle paraîtra utile la répandent.

1er *Septembre* 1929.

E. R.

La Liberté Individuelle

On entend généralement par liberté individuelle « le droit de disposer librement de sa personne et d'obtenir protection ou réparation contre les arrestations illégales, violations de domicile, ou autres atteintes portées à la sûreté dont chaque citoyen doit jouir dans la société ». (Larousse). D'après Littré: « le droit que chaque citoyen a de n'être privé de la liberté de sa personne que dans les cas prévus et sous les formes déterminées par la loi ».

La liberté individuelle ainsi entendue n'est pas la *liberté naturelle* définie par Littré: « Le pouvoir que l'homme a naturellement d'employer ses facultés comme il lui convient », et par Larousse: « le droit que l'homme possède par nature d'agir à son gré, et non par une contrainte extérieure »; elle est la *liberté civile*, pouvoir ou droit de « faire tout ce qui n'est pas défendu par les lois ». La jouissance des droits que donne la loi est la *liberté politique*.

Dans la *Déclaration des Droits de l'Homme et du Citoyen*, sous la forme où on l'entend généralement et qui fut votée par l'Assemblée Constituante de 1789, la liberté est ainsi définie dans les articles 4 et 5: « La liberté consiste à pouvoir faire tout ce qui ne nuit pas à autrui; ainsi l'exercice des droits naturels de chacun n'a de bornes que celles qui assurent aux autres membres de la société la jouissance de ces mêmes droits. Ces bornes ne peuvent être déterminées que par la loi. La loi n'a le droit de défendre que les actions nuisibles à la société. Tout ce qui n'est pas défendu par la loi ne peut être empêché, et nul ne peut être contraint de faire ce qu'elle n'ordonne pas ».

Bescherelle dit: « Faire ce qui nous plaît est la liberté naturelle; sans nuire aux autres est la liberté civile ». Il est certain que la liberté naturelle de l'individu doit être limitée, dans la vie en société, par la liberté des autres. C'est le principe qui doit régir la liberté civile, celui qui, de tout temps, a été à la base des protestations contre les atteintes à la liberté humaine et des revendications en faveur de la liberté individuelle. Il a sa base morale et sociale dans la maxime de la justice disant: « Ne fais pas à autrui ce que tu ne veux pas qu'il te soit fait ». Sans ce principe, il n'est pas de société possible, et il n'est pas d'homme doué de raison, fût-il le plus farouchement individualiste, qui puisse le contester. Quand Rabelais disait: « Fais ce que veulx », il s'adressait aux hommes sages de son abbaye de Thélème. La question est dans les limites que la sagesse humaine doit fixer à la liberté, d'elle-même et sans contrainte, pour faire que la liberté de chacun et de tous soit respectée. Est-ce la *loi*, comme on l'entend généralement, qui pourra fixer ces sages limites? Nous répondons, sans aucune hésitation: Non.

On dit que les anarchistes sont des « utopistes » parce qu'ils prétendent que la liberté de chacun et de tous ne sera possible que dans une société où il n'y aura plus de lois. Il est encore plus utopique de prétendre faire des lois qui respecteront et feront respecter cette liberté. Le *Nouveau Larousse illustré* qu'on ne saurait taxer de tendance anarchiste, dit ceci: « L'exercice normal de la liberté politique exige trois conditions: 1° il faut que le citoyen ne soit pas contraint de faire autre chose que ce que prescrit la loi ; 2° il faut que la loi soit l'œuvre de la volonté libre des citoyens ; 3° il faut que la loi, toujours modifiable, ne viole jamais la justice ».

Il est aussi difficile de faire des lois remplissant ces conditions que de vivre sans lois. Si les hommes sont capables de faire et d'observer de justes lois qui respecteront leur liberté, ils sont certainement capables de vivre sans lois. Pourquoi, alors, faire des lois, si ce n'est pour restreindre ou leur enlever leur liberté par des moyens plus ou moins brutaux ou hypocrites ? Et les lois n'ont jamais eu d'autres fins.

Examinons les trois conditions réclamées pour « l'exercice normal de la liberté politique ». D'abord, la loi ne doit pas contraindre les citoyens à faire autre chose que ce qu'elle prescrit. C'est la seule condition que la loi remplit ; elle suffit pour démontrer la nocivité de cette loi, car elle sanctionne une liberté arbitraire et immorale, celle de l'adage qui dit : « Tout ce que la loi ne défend pas est permis ». Les auteurs de la Déclaration des Droits de l'Homme n'ont pas vu la contradiction dans laquelle ils se mettaient en disant : « La liberté consiste à pouvoir faire tout ce qui ne nuit pas à autrui » et, plus loin : « Tout ce qui n'est pas défendu par la loi ne peut être empêché ». C'est précisément par le moyen oblique de ce qu'elle n'empêche pas que la loi autorise les pires attentats à la liberté, en soutenant le régime de l'exploitation humaine et en légitimant toutes les turpitudes sociales. C'est par ce moyen que la loi sanctionne une liberté qui consiste à nuire à autrui plus qu'à ne pas lui nuire. En voici des exemples : La loi ne prescrit pas qu'un travailleur ne gagnera, durant toute sa vie, que des salaires de famine et que, devenu vieux, il sera jeté sur le pavé et réduit à mourir de faim par celui dont il aura fait la fortune ; mais la loi le permet. La loi n'oblige pas les êtres humains à se prostituer, à tomber dans l'alcoolisme, à croupir dans des taudis, à exercer des métiers ignobles; mais la loi est l'armature d'un état social qui contraint des êtres humains à subir ces misères et elle en protège les bénéficiaires contre les victimes. La loi ne commande pas que la confiance publique sera exploitée par des imposteurs religieux, des filous financiers, des aventuriers politiciens ; mais la loi laisse faire ces exploiteurs qui savent habilement se servir d'elle. Ainsi, la liberté de faire tout ce que la loi ne défend pas rend totalement inopérante l'obligation de ne pas nuire à autrui. La loi ne fait pas respecter la liberté de chacun et de tous ; elle n'empêche pas de nuire à autrui ; elle sanctionne le droit usurpé par certains de violer la liberté des autres, et elle met une rhétorique filandreuse au service de leur violence.

« *Qui te rend si hardi de troubler mon breuvage ?* » dit le loup à l'agneau qu'il voudrait convaincre de son droit de le manger, et à qui il ne manque que la toque de Perrin-Dandin. Aussi, lorsque le *Nouveau Larousse* ajoute : « Il faut que la loi soit l'œuvre de la volonté libre des citoyens » ; est-ce une dérision. C'est comme si on disait à un oiseau en cage qu'il a la liberté de s'envoler ; il n'a qu'à ouvrir sa cage ! Il n'y a pas plus de volonté libre pour les citoyens que pour les oiseaux qui se brisent les ailes dans leur prison ; toujours leur volonté est contrainte par les inégalités sociales et l'arbitraire qu'elles produisent. Même dans un pays de plébiscite comme la Suisse, un salarié, entre-autres, ne peut exprimer sa volonté que dans la mesure où ses maîtres, le patron, le propriétaire, le curé ou le pasteur veulent bien le lui permettre. Enfin, il est encore plus impossible que « la loi ne viole jamais la justice », puisqu'elle est faite pour sanctionner l'injustice des plus forts qui se sont établis sur les plus faibles et ne consentent à être justes que dans la mesure où ils y trouvent leur intérêt.

Le *Nouveau Larousse Illustré* nous prouve tout cela lorsqu'il ajoute : « Les restrictions apportées à la liberté ne peuvent avoir pour cause que l'intérêt social. La difficulté est de savoir où commence et où finit l'intérêt social. On admet en principe la liberté de penser, de parler, d'écrire. En fait, il n'est pas de parti qui ne demande l'interdiction de l'expression publique de certaines doctrines. La *raison d'Etat* s'oppose à l'exercice normal de la liberté politique ». Que deviennent alors la volonté libre des citoyens et la justice? Et la loi *protectrice de la liberté*, n'est-elle pas une mystification ? Le *Nouveau Larousse* est ici aussi « anarchiste » que nous en faisant ces constatations, et il donne un nom à la volonté des plus forts qui est à la base de toutes les lois quelles qu'elles soient: *la raison d'Etat*. C'est la raison de tous les gouvernements sans en excepter aucun, cette raison qui est toujours « la meilleure » comme l'a montré La Fontaine, et dont l'arbitraire est tel qu'elle n'hésite pas, le cas échéant, à violer ses propres lois et à pratiquer l'illégalité lorsque l'intérêt des plus forts est en jeu. L'histoire est pleine des méfaits de la *raison d'Etat*. Elle a prétendu justifier, au nom de « l'ordre », tous les attentats contre les peuples et contre les individus. C'est elle qui a fait chasser les premiers hommes du paradis terrestre, — la raison d'un Elohim ou Jéhova qui est l'image primitive de tous les usurpateurs, — et c'est elle qui justifie l'illégalité d'un ministre républicain — M. Briand contre les cheminots, en 1910 — ou la mise hors la loi de tout un parti — M. Sarraut contre les communistes en 1928.

Voilà sur quelles bases fausses et arbitraires est établie la liberté civile ou politique dans la société. Ce sont les mêmes qui régissent la liberté individuelle ou liberté de la personne. Cette liberté n'existe pas si l'individu ne peut avoir l'entière disposition de ses facultés, aller et venir comme il lui plaît, croire et penser comme il l'entend, exprimer tout ce qu'il pense sans qu'un pion génial ou imbécile, un dieu ou un gendarme, soit là pour le rappeler à une souveraine orthodoxie.

Homère a dit : « Le jour qui enlève à l'homme sa liberté lui ôte en même temps la moitié de sa vertu. » Et Voltaire : « Pourquoi la liberté est-elle si rare ? Parce qu'elle est le premier des biens ». Comment les hommes qui exercent la *raison d'Etat*, et dont la puissance n'est possible que par le maintien des autres hommes dans la dépendance et la démoralisation, accorderaient-ils à leurs victimes cette liberté qui est le premier des biens et qui fait la vertu ? Ce serait préparer eux-mêmes l'écroulement de leur puissance.

Pendant longtemps le mot *liberté* fut considéré comme subversif et banni du langage. L'individu n'était pas libre ; il devait obéissance à Dieu, au Roi, au Maître. On s'étonne toujours de voir parmi les sculptures de la cathédrale de Chartres, une statue de la *Liberté !* On continue à nier l'esprit libertaire, cet esprit toujours proscrit, qui inspira l'auteur de cette statue, comme on nie le même esprit dans les autres formes naturistes de l'architecture et de la littérature du moyen-âge. La symbolique religieuse s'efforce encore d'expliquer que la *Liberté* de Chartres, comme les représentations dans les sculptures des cathédrales de nonnes forniquant avec des moines, et les violences des fabliaux contre les prêtres, sont des manifestations de la foi et de l'humilité chrétiennes. Les libertaires ou partisans de la liberté, qu'on appelait jadis *libertins*, étaient comme aujourd'hui des hérétiques, traités en ennemis de l'ordre public. Confondus avec les accusés de « crimes d'exception », ils étaient jugés suivant des procédures spéciales qui aboutissaient le plus souvent à leur « assassinat légal ». Contre les criminels d'exception, les juges n'étaient pas obligés « aux communes et ordinaires procédures que le droit ordonne pour les autres ». Il ne s'agissait pas de rechercher s'ils étaient ou non coupables des faits qu'on leur reprochait. Accusation signifiait condamnation ; on sauvait seulement les apparences par un simulacre de procès. C'est par ces procédures exceptionnelles que furent condamnés et exécutés des milliers d'hérétiques mal pensants ou trop remuants.

Aujourd'hui, il n'est pas de mot plus galvaudé que celui de liberté. Il est dans tous les discours des politiciens, « baveux comme pots à moutarde », eût dit Rabelais. Il est dans tous les actes officiels ; il est même peint sur les murs des casernes et des prisons avec ceux d'égalité et de fraternité ! Mais l'hypocrisie démocratique qui s'en prévaut ne vaut pas mieux que l'absolutisme théocratique et monarchiste qui le bannissait, ou qui ne voulait la liberté qu'à son usage en l'interdisant aux autres. Si on n'écartèle et si on ne brûle plus publiquement les *libertins*, on n'en continue pas moins à leur appliquer des procédures spéciales et à les traiter en criminels d'exception. Il se commet aujourd'hui, au nom de la loi « protectrice de la liberté individuelle », autant d'attentats contre cette liberté qu'aux temps où régnait le « bon plaisir » des rois et de leurs satellites.

Abritée derrière les apparences d'une légalité émanée, dit-on, du « peuple souverain », la *raison d'Etat* est plus dangereuse qu'au temps du bon plaisir royal. S'il n'y a plus les *lettres de cachet*, il y a les pouvoirs discrétionnaires des représentants du gouvernement et des magistrats. Dans la 140e édition du petit *Dictionnaire Larousse* (1905), on peut lire ceci : « L'abus des lettres de cachet a été remplacé de nos jours par les longues détentions préventives ». Ce dictionnaire aurait pu ajouter : « et par les détentions définitives, sans jugement ». La maison Larousse a expurgé les éditions suivantes de cette constatation subversive. Le pouvoir discrétionnaire des agents du gouvernement et des magistrats n'en est pas moins toujours sans limites, car il dépend, non de l'application de la loi, mais de son interprétation qui est laissée à *leur conscience!*... On va loin avec une telle pratique. On connaît ce que fut, sous l'ancien régime, la conscience des Laubardemont qui ont rempli la chronique judiciaire de leurs crimes. Sénac de Meilhan a parlé du sadique besoin de voir souffrir et de torturer qui faisait de certains magistrats de véritables monstres. On a vu à l'œuvre, pendant la « Guerre du Droit », les consciences des pourvoyeurs de poteau aussi féroces que lâches et stupides. Aujourd'hui, comme de tout temps, personne n'est sûr, en sortant de chez lui, d'y rentrer le soir et de coucher dans son lit (1). Personne ne sait

(1) Dans sa *Lettre aux Français*, adressée de Londres en 1785, Cagliostro disait ironiquement : « Il ne vous manque, mes bons amis, qu'un petit point : c'est d'être sûrs de coucher dans vos lits quand vous êtes irréprochables. » Ces lignes pourraient être datées de 1929.

si une quelconque raison d'Etat ou particulière — car, lorsqu'on dispose de l'arbitraire, il est facile d'en user pour soi et pour ses amis — ne fera pas qu'il sera arrêté, incarcéré, inculpé et peut-être condamné pour un délit ou un crime imaginaire auquel il ne comprendra rien. Très heureux si quelque exécuteur anonyme ne le raye pas brutalement et définitivement du « cadastre des humains », sans que les gens de justice se préoccupent de sa disparition.

Jadis, dans les procès de sorcellerie, on produisait contre les accusés, comme pièce à conviction, la copie « écrite par la main du démon du pacte fait avec lui et dont la minute était en enfer !... » Si on n'emploie plus ces témoignages écrits par le diable, on se sert d'autres qui ne valent pas mieux, fabriqués par la malveillance policière. On voit de notre temps des gens condamnés parce qu'on a trouvé chez eux, bien qu'ils n'y avaient jamais été, tels documents compromettants, voire des attirails de cambrioleurs ou de faux-monnayeurs. Plus d'un est allé mourir au bagne, condamné comme « anarchiste dangereux », sur des preuves de cette espèce, par douze imbéciles qu'aveuglaient la haine et la peur. En matière politique, le coup du complot, quoique pas mal éventé, est toujours une excellente ressource pour les gouvernants sans scrupules. L'histoire est pleine des récits de ces infamies, et notre époque démocratique n'en est pas exempte. On vit, en 1894, le *procès des Trente*. Pour discréditer l'anarchisme aux yeux des satisfaits et des timorés, on y inculpa pêle-mêle des théoriciens, philosophes, littérateurs, et des cambrioleurs ou faux-monnayeurs. On va plus loin encore, tant la haine de l'esprit de liberté obture certaines cervelles policières. En 1905, à Paris, une bombe faillit tuer le président Loubet et le roi d'Espagne. Les débats judiciaires établirent que l'attentat avait été l'œuvre des deux polices de France et d'Espagne, qui n'avaient pas craint de mettre ainsi en péril les existences des deux plus hauts personnages de leurs pays pour compromettre les anarchistes qu'elles avaient la scélératesse d'accuser !... Plusieurs histoires de complots ont été mises au compte de la Révolution Russe. On en a déjà vu en France. La plus odieuse de ces affaires est celle du complot bulgare appelé « communiste ». Grâce à de faux documents établis par un nommé Droujilovsky, le gouvernement bulgare réprima sauvagement, en 1925, une prétendue insurrection communiste et fit ainsi des centaines de victimes. Celles qui échappèrent à l'assassinat légal agonisent encore, en 1929, dans les prisons du roi Boris.

La liberté des individus est continuellement menacée par les mouchards, les délateurs, qu'encouragent les autorités et l'indifférence publique. L'inquisition, inspirée de la loi biblique contre les faux dieux, faisait une obligation aux parents de dénoncer leurs enfants et aux enfants de dénoncer leurs parents. Le pape Grégoire IX se réjouissait de ces dénonciations combien « chrétiennes ». Sous le règne de Louis XIV où la tartuferie s'installa dans les mœurs avec les « belles manières » et le « beau langage », les jésuites organisèrent officiellement le mouchardage et la délation à la Cour et dans les familles. La Société de Jésus et l'Intendant de police avaient leurs espions, souvent les mêmes, dans la domesticité de toutes les maisons. Il y avait toujours des « voyeurs » dans les appartements du roi comme chez les plus simples bourgeois. Cet espionnage n'a pas cessé: au contraire. La délation a poussé comme une fleur vénéneuse sur le fumier de la guerre. Elle a sévi terriblement, loin du front comme parmi les combattants, contre le voisin de palier, le camarade d'atelier ou de bureau, et même contre le compagnon de tranchée, chacun voulant sauver sa peau et livrant, pour cela, celle des autres. Dans les honteux procès du temps de guerre que des magistrats, pour justifier leur utilité loin du front, ont faits par une interprétation malveillante et odieuse de la loi du 2 août 1914 contre les indiscrétions de la presse, on a poursuivi et condamné: « non pas des journalistes pour des délits de presse, non pas des orateurs pour des délits de réunion, mais de simples citoyens et surtout de malheureuses femmes qui s'étaient rendues coupables de dire devant des amis, des voisins, des fournisseurs, des domestiques, ce qu'ils pensaient. » (*La Vérité*, 1er février 1918). Pendant la Commune, il y eut plus de 200.000 dénonciations; combien y en eut-il de 1914 à 1918? Chaque guerre, en agitant la boue qui est au fond des âmes, apporte aux lèvres de la foule le goût de la délation avec celui du sang. La délation devient une vertu civique, une élégance littéraire, pour contribuer à cette « régénération » que M. P. Bourget attribue à la guerre. De tout temps, elle sévit administrativement par le « cabinet noir ». Le téléphone a permis d'y ajouter les « tables d'écoute ». Pour les mouchards officiels et officieux, l'article 187 du Code pénal qui protège, en principe, le secret des correspondances, n'existe pas; la *raison d'Etat* et les procédures exceptionnelles le rendent inopérant. Sous Napoléon 1er, le cabinet noir coûtait 600.000 francs par an. On saura ce qu'il a coûté de notre temps si on publie, un jour, les détails des « fonds secrets » qui en paient les mystérieux offices.

Les délateurs sont, dans les affaires criminelles, les auxilliaires les plus précieux des magistrats qui ne cherchent qu'à condamner. On les emploie pour toutes sortes de provocations, pour de faux témoignages. Lors du procès Bougrat, à Aix-en-Provence, des repris de justice, vulgaires «moutons», étaient traités par les juges comme des collaborateurs avec une déférence complice, tandis qu'on bousculait sans aucune politesse des savants qui apportaient la vérité et montraient les mensonges de l'accusation. (*Cahiers des Droits de l'Homme*, 15 juin 1927). Le temps n'est peut-être pas loin où la délation sera une obligation légale et où tout réfractaire à cette immonde besogne sera puni pour «complicité morale», comme au temps de l'Inquisition. Notons, en passant, que la délation fleurit surtout dans les moments d'impuissance révolutionnaire. Quand on n'est pas capable de défendre ses droits et sa liberté d'individu, on est facilement prêt à trahir ceux des autres.

Le pouvoir discrétionnaire des magistrats, la faculté qui leur est laissée d'appliquer la loi selon « leur conscience », permettent les abus les plus révoltants. La loi est comme l'Evangile qui a deux morales ; elle a deux justices, pour permettre aux « consciences » de choisir. Ainsi, les prescriptions du Code d'instruction criminelle sont formelles en matières d'arrestations et de détention dans les articles 91 à 97 et 113 à 116, complétés par une loi du 8 décembre 1897 et précisés par des circulaires comme celle du 20 février 1900. Leur violation est punie par les articles 112, 114, 119 et 120 du Code pénal. Mais à côté, dans le même Code d'instruction criminelle, les articles 10, 49, 50, fournissent les moyens de violer les précédents en toute tranquillité, et la loi du 30 juin 1838 est là pour, le cas échéant, donner tous les apaisements aux «consciences» les plus «timorées».

Les articles du Code qui punissent les violations de la liberté individuelle et, en particulier, l'article 114 du Code pénal contre les « attentats » à cette liberté, restent à l'état de lettre morte (1). Non seulement les forfaiteurs peuvent procéder impunément, mais ils retirent souvent, comme récompense de leur forfaiture, des faveurs qu'attendent vainement les «timorés» dont la conscience s'encombre de scrupules. On a vu ainsi les bourreaux du capitaine Dreyfus demenrer dans leurs situations officielles, avec tous leurs profits, à côté de ses défenseurs. On comprend comment il est si difficile d'obtenir la réparation des erreurs judiciaires les plus manifestes et des violations de la loi les plus scandaleuses. Les «consciences» qui président à l'administration de la justice s'efforcent d'empêcher ou de retarder ces réparations par tous les moyens. Leur rêve : c'est de faire proclamer «l'irrévocabilité de la chose jugée ! » (H. Guernut, *L'Œuvre*, 30 octobre 1927). Ils voudraient nous ramener ainsi au temps de l'infaillibilité théocratique. Dieu ne peut pas se tromper; les imposteurs qui parlent en son nom sont par conséquent infaillibles. La Loi est souveraine; ceux qui l'appliquent partagent donc cette souveraineté et n'ont de comptes à rendre à personne. C'est simple et commode. Bon plaisir et forfaiture tiennent ainsi la justice en échec au temps des Droits de l'Homme comme au temps du droit divin; ils la manipulent à leur gré et sont assurés de l'impunité. Quelles

---

(1) La loi punit, en principe, la forfaiture, c'est-à-dire le crime et le délit des fonctionnaires publics dans l'exercice de leurs fonctions (articles 166 à 198 du Code pénal). Elle ordonne des sanctions contre ceux qui se rendent coupables d'abus d'autorité : violation de domicile (art. 184), déni de justice (art. 185), violences envers les personne (art. 186), etc... En fait, il n'y a application de ces dispositions que lorsque les agissements ont porté atteinte à la chose publique. Les magistrats peuvent impunément abuser de leurs fonctions contre les particuliers, ceux-ci n'ayant à leur encontre que des recours très aléatoires, difficultueux, rendus presque impossibles par les contradictions et l'obscurité systématiques de la loi. L'esprit de corps des magistrats, qui « ne se mangent pas entre-eux », finit de rendre ces recours inopérants. On le voit lorsqu'il s'agit seulement de cette *suspicion légitime* si souvent justifiée dans des affaires où les magistrats sont à la fois juge et partie ; elle est rarement admise.

La loi n'autorise l'action personnelle de la victime contre le magistrat forfaiteur que par la procédure dite de *prise à partie*, dans des cas déterminés de façon si spécieuse et instruits avec tant de difficultés que cette procédure n'aboutit jamais.

sont les garanties de la liberté individuelle dans de pareilles conditions ?

Non seulement en cas de flagrant délit, mais sous le prétexte d'une dénonciation quelconque, des auxiliaires de police peuvent arrêter quelqu'un, perquisitionner et saisir ce qui leur plaît chez lui, l'incarcérer, l'interroger ou le tenir au secret, entendre des témoins, tout cela en dehors de toutes les garanties de justice prévues par les articles 93, 97 et 113 du Code d'instruction criminelle. Plus de juge d'instruction et d'avocat. Le subalterne qui a fait l'arrestation remplace le juge. S'il s'est trompé en arrêtant, il cherchera peut-être, pour réparer son erreur, à obtenir des aveux. Tous les moyens sont bons, même la torture, dans ces « chambres des aveux spontanés » où le « coupable » est seul, sans défense devant des policiers qui « veulent l'avoir »...(1). Par le moyen de la loi du 30 Juin 1838, l'incarcération peut devenir une détention temporaire ou définitive dans un asile d'aliénés, ce, sans instruction judiciaire, sans jugement, sur les seuls rapports de médecins complices. Des gens importants et bien placés dans la hiérarchie sociale peuvent ainsi se débarrasser sans bruit de qui les gêne: maîtresse compromettante, enfant illégitime, tuteur sans complaisance, parent riche trop long à mourir, ouvrier ou employé dont on veut se venger, pauvre bougre dont la tête ne «revient pas» à un puissant, conjoint sans compatibilité d'humeur, locataire qu'on ne peut expulser légalement, etc... (Affaires Verlain, Haworth, Lemoine, Chateaubriand, Larcher, Boutet, Mayrargue, Daltour, d'Orcel, et cent autres) (2). Malgré l'article

(1) La sauvagerie de certains bourreaux policiers est telle que des malheureux sont demeurés définitivement mutilés, quand ils ne sont pas morts, à la suite des mauvais traitements qu'ils avaient subis. Cette sauvagerie est allée jusqu'à l'emploi de *gaz asphyxiants* pour expulser deux vieilles femmes de leur logis!... (*L'Œuvre*, 18 mars 1926).

(2) Léon Millot, dans sa préface à une brochure d'E. Girault sur les *Séquestrations arbitraires*, a cité les cas suivants. Sous l'Empire troisième, l'avocat Sandon fut arrêté seize fois et interné à Charenton parce qu'il possédait des papiers compromettants pour le ministre Billault. Sous la République laïque, qui paraît-il « persécute » les prêtres, Hélène Canredon a été séquestrée pendant quatorze ans à l'instigation d'un ecclésiastique dont elle avait surpris les vices. « Elle serait morte au fond de son cabanon sans l'intervention du président Magnaud. » La brochure de Girault parle du cas de l'anarchiste Prenant, vieux communard interné à Bicêtre le 24 octobre 1896 à cause de ses protestations contre des patrons qui l'avaient volé. Quatre ans après, il était toujours interné malgré l'avis d'une commission médicale.

114 du C. P., il n'y a aucune réparation pour ces victimes. Heureuses sont-elles quand elles peuvent sortir vivantes des *in-pace* où les avait plongées le bon plaisir de leurs bourreaux. On voit que la suppression des lettres de cachet n'a rien supprimé du tout.

Tous les jours, des policiers procèdent à des violations de domicile, à des perquisitions irrégulières, sans mandats de justice. Malgré l'article 113 du C. d'I. C. on incarcère préventivement, pendant des semaines et des mois, sous les prétextes les plus futiles, des gens ayant un foyer, des répondants honorables, alors que la détention préventive ne doit pas dépasser cinq jours lorsque le prévenu n'est passible que de la correctionnelle et d'une peine inférieure à deux ans de prison. On voit des choses comme ceci : Le 1er septembre 1926, le tribunal de Marseille condamnait seulement à 16 *francs d'amende, avec sursis*, tant le délit était léger, sinon inexistant, une marchande qui avait vendu dans la rue et sans autorisation quelques légumes. Cette femme avait préalablement subi 83 *jours de prison préventive*. Non seulement elle ne reçut aucun dédommagement du préjudice matériel et moral qu'elle avait souffert, mais encore, on lui réclama la somme de 174 francs pour frais de justice! (*Cahiers des Droits de l'Homme*, 20 avril 1928).

On voit aussi des Procureurs de la République imposer à des *prévenus* qu'aucune condamnation n'a encore frappés, et qui sont mis en liberté provisoire, une interdiction de séjour prévue uniquement contre des condamnés récidivistes. (Affaire du professeur Platon). Dans cette affaire du professeur Platon, la Ligue des D. de l'H. s'occupe de faire réviser, on a pu voir toutes les irrégularités, toutes les illégalités, tous les abus de pouvoir de la magistrature. Les condamnations ont été prononcées «par ordre» venu de politiciens puissants et de diffamateurs qui se trouvaient même dans le personnel du Ministère de la Justice. Tous les magistrats qui ont été mêlés à cette affaire, et devraient connaître les rigueurs de l'article 114 du C. P., ont eu de beaux avancements et ont été décorés de la Légion d'honneur, ainsi que des journalistes stipendiés, sans parler des profits récoltés par des politiciens, médecins et autres «honnêtes gens» pour qui cette affaire a été une véritable curée. (*Cahiers et brochures de la Ligue des Droits de l'Homme*) (1).

Des raisons politiques, des intérêts particuliers, interviennent à tout propos dans l'administration de la justice pour supprimer toute liberté aux uns, pour l'accorder jusqu'à la licence aux autres. On étouffe certaines affaires, on fait une publicité scandaleuse à d'autres. On ménage les gens en place, les favorisés de la fortune. Leurs turpitudes trouvent toutes les indulgences, toutes les complicités ; mais on sévit lourdement contre les petits. Il en est comme sous Louis XIV :

> « Suivant que vous serez puissant ou misérable,
> Les jugements de cour vous rendront blanc ou noir ».
>
> LA FONTAINE.

Pendant que des indigents subissent la «contrainte par corps» parce qu'ils ne peuvent pas payer le montant d'une amende, des gens riches échappent même à la prison à laquelle ils ont été condamnés. « M. Bourdon cite l'exemple d'un riche automobiliste condamné à huit mois de prison pour homicide par imprudence, qui a été libéré au bout de quinze jours.» (*Cahiers des Droits de l'Homme*, 10 janvier 1927). « Vous punissez celui qui est pauvre », disait Jules Favre aux législateurs impériaux de 1867. Ceux, républicains, de 1929 continuent.

A tous les abus contre la liberté individuelle s'ajoute la publicité qui déshonore les individus et les livre à la malignité publique avant toute preuve de culpabilité contre eux. La presse descend, dans cette besogne, au-dessous des policiers. L'article 38 de la loi du 29 juillet 1881 dit ceci: « Il est interdit de publier les actes d'accusation et tous autres actes de procédure criminelle ou correctionnelle avant qu'ils aient été lus en audience publique, et ce, sous peine d'une amende

(1) Les mêmes machinations policières, favorisées par des gens « bien pensants », des médecins sans conscience, des politiciens sans scrupules, des magistrats serviles et des plumitifs maîtres-chanteurs, qui se sont exercées contre le professeur Platon, se retrouvent dans d'autres affaires dites des « carnets médicaux », comme celle du professeur Stelz, de Montpellier, qui est mort de saisissement en apprenant l'accusation dont il était l'objet. On les voit aussi dans l'affaire du Dr Boutrois, maire d'Isigny, accusé d'avortements dont il était innocent et qui en est arrivé au suicide (*Cahiers de la Ligue des D. de l'H.*, 20 novembre 1928 et autres), celle du Dr Deville, à Nice, etc..

de 50 francs à 1.000 francs ». La loi veut que l'instruction judiciaire soit secrète, renfermée dans le cabinet du juge instructeur. Ce secret n'est respecté que suivant la qualité de l'inculpé. Les magistrats sont « discrets comme des tombeaux », si discrets même que les affaires sont définitivement enterrées sans qu'on en parle jamais, lorsqu'il s'agit de hauts personnages. Mais le plus souvent leur instruction se fait sur la place publique, surtout lorsque les passions sont soulevées et que des politiciens puissants, qui seront utiles à leur avancement, ont des intérêts dans l'affaire. L'inculpé, mis dans l'impossibilité de répondre publiquement, est à la merci des indiscrétions tendancieuses du juge d'instruction. Elles alimentent les romans-feuilletons des journalistes qui étalent, grossissent, défigurent les faits afin d'exciter la curiosité perverse et l'animosité de la foule. Un homme arrêté est ainsi jugé d'avance, condamné avant tout verdict. Même innocent, il restera l'homme qui a été en prison, dont tout le monde aura le droit de s'occuper pour fouiller dans sa vie, le salir, le déshonorer. Parfois il perd son travail et la possibilité d'en retrouver; il est un suspect, car, dit-on, « il n'y a pas de fumée sans feu »; il a sa fiche à l'anthropométrie et la police continue de le traquer chez ses employeurs. Elle traque même les membres de sa famille à qui elle fait perdre leur emploi. (Affaire Rabaté, juin 1926).

Ainsi, plus la société avance dans les formes dites «démocratiques» qui ont des apparences généreuses et étalent une vertu grandiloquente, plus elle rétrograde vers la barbarie et l'inhumanité par une sorte de cruauté et d'insensibilité collectives. De plus en plus les arrestations et les détentions s'accompagnent de mauvais traitements. Les violences du « passage à tabac » et des « chambres des aveux spontanés » sont courantes, admises par la veulerie publique comme par la «conscience» des magistrats. L'un d'eux, M. Séb.-Ch. Leconte, écrivait dans *La Victoire* du 20 juin 1923: «Le passage à tabac est une nécessité de nos mœurs, destiné à suppléer à l'insuffisance répressive de nos lois et à l'indulgence des tribunaux.» Par ces moyens de torture, on oblige, comme au temps de l'Inquisition, des malheureux à se reconnaître coupables de crimes qu'ils n'ont pas commis (affaire Rémy et nombre d'autres). On ne proteste plus contre ces infamies, même lorsqu'on a été personnellement « bosselé » par les matraques policières, parfois estropié. M. Gustave Hervé, qui publie aujourd'hui les déclarations de M. Séb.-Ch. Leconte, a oublié entre tant de choses l'affaire Liabeuf. On ne réagit pas davantage contre les diffamations du journalisme. On est demeuré tout aussi indifférent quand on a rétabli dans les prisons l'usage de la cagoule pour la promenade en commun des prisonniers. On admet parfaitement que des tortionnaires, parmi lesquels des médecins ne craignent pas de se mêler, alimentent de force des prisonniers faisant la grève de la faim pour protester contre les abus dont ils souffrent. Il faut des évènements particulièrement graves, des mutineries, des révoltes, pour que l'opinion publique porte attention aux mauvais traitements infligés à des prisonniers. Mais l'émotion est vite éteinte. La foule populaire, châtrée de tout raisonnement par la « blagologie » politicienne, de toute énergie par les saignées de la guerre, paraît avoir perdu jusqu'au sentiment des souffrances de sa propre chair, torturée dans ses enfants livrés à l'*enfer* des maisons de correction, des prisons centrales, de la Guyane et de « Biribi ». Il semble que tout besoin de justice et de liberté soit épuisé pour elle lorsque, de temps en temps, un « bourgeois » subit, tout à fait exceptionnellement, le sort qui est invariablement le sien. Elle ne se dit pas qu'il ne faudrait d'injustice pour personne ; elle ne comprend pas que pour un « bourgeois » frappé injustement, mille des siens le seront davantage dans leur liberté et dans leur vie.

Le 15 septembre 1927, après avoir adressé au Ministre de la Justice un rapport lui signalant un nouvel attentat à la liberté individuelle, le Secrétaire général de la Ligue des D. de l'H. faisait les commentaires suivants : « Douze fois par an, au moins, la Ligue des Droits de l'Homme conte au ministre de la Justice des anecdotes semblables. Et il y a vingt-sept ans que la Ligue existe ! Il faut croire que les ministres successifs de la Justice trouvent ça drôle ou amusant puisque ça continue. Le 16 décembre 1904, M. Clémenceau avait déposé à la Chambre un projet de loi qui avait pour effet de prévenir de tels accidents, de punir les coupables, d'indemniser les victimes. Devenu ministre, il l'a oublié... » (*Cahiers des Droits de l'H.*, 10 novembre 1927). Tous les ministres l'ont oublié ensuite comme oublient tous les politiciens sans vergogne, malgré les promesses faites à leurs électeurs. La question de la *liberté individuelle*, si imparfaitement réglée qu'elle aurait été par le projet de loi Clemenceau, demeure toujours en suspens. Devant la passivité du « peuple souverain » qui résigne le premier des droits de l'homme et du citoyen : la *liberté*, on est tenté de penser parfois que ce peuple, plus assez ignorant pour ne pas comprendre, mais trop lâche pour agir, n'a que « la liberté et les gouvernants qu'il mérite », comme disent ceux qui l'exploitent, le fouaillent et le méprisent.

On peut donc dire que socialement, légalement, en dehors de toutes considérations métaphysiques sur le libre-arbitre et le déterminisme, la liberté individuelle n'existe pas, et cela, non seulement comme liberté de la personne, dans l'exercice de ses facultés physiques et de ses mouvements, mais aussi dans la liberté de sa conscience et de ses opinions. Car toutes les libertés se tiennent entre elles ; on ne peut attenter à l'une sans atteindre les autres, on ne peut en posséder une sans les posséder toutes, et c'est ce que nous allons voir dans leurs diverses formes.

*
* *

Liberté de l'Enfant

Elle est à la base de la liberté individuelle. Un enfant emprisonné ne pourra faire un homme libre, pas plus qu'un avorton ne fera un géant. Confucius disait déjà, six siècles avant l'ère chrétienne : « Dès qu'un enfant est né, il faut respecter ses facultés. » Depuis Confucius, tous les pédagogues qui n'ont pas été des abrutisseurs ont tenu le même langage et se sont efforcés de l'appliquer ; mais son principe est resté lettre morte. Un autre plus puissant, celui de l'autorité et de la violence contre les facultés de l'enfant, n'a pas cessé d'intervenir pour les plier à l'acceptation des préjugés sociaux, au respect des mensonges conventionnels, à une obéissance passive. Si les facultés de l'enfant résistent au « dressage » qui le soumettra au patronat, à la servitude militaire, à la loi des « majorités compactes », à l'adoration des idoles, des ventres solaires politiciens et des bondieuseries religieuses ou laïques, si elles protestent et veulent demeurer libres : interviennent alors les pensums et les corrections promis aux « mauvaises têtes ». Le *pater familias*, antique barbe descendue du droit romain, se dresse d'abord. S'il n'a plus le droit de vie et de mort sur l'enfant, il lui reste celui de l'abrutir selon son caprice et cela, en requérant même contre l'indiscipliné les rigueurs de la loi. En cas d'absence ou de déchéance paternelle, la loi intervient automatiquement. Elle prétend protéger l'enfant et elle a fait pour lui ses textes du 23 décembre 1874 concernant le premier âge et les nourrissons ; du 24 juillet 1889 et du 15 novembre 1921 sur les enfants maltraités ou moralement abandonnés ; du 2 novembre 1892 sur le travail des enfants et des filles mineurs dans l'industrie ; du 11 avril 1908 relatifs à la prostitution des mineurs ; du 22 juillet 1912 sur les tribunaux pour enfants et adolescents et sur la *liberté surveillée*, etc... Malgré tant de mesures protectrices, l'enfant insoumis est abandonné à des patronages ou à des maisons de correction d'où il sort trop souvent contaminé de toutes les façons, physiquement et moralement, religieusement ou laïquement, préparé à toutes les déchéances ou prêt à la révolte furieuse et inutile de fauves lâchés dans la jungle sociale. C'est ainsi qu'on a respecté ses facultés et procédé à ce qu'on appelle son « relèvement moral »!... On a souvent dépeint le sort des enfants livrés aux maisons de correction. « Tous, ou presque tous, terminent leur existence à la Guyane », a déclaré un directeur de ces maisons, ajoutant : « Si quelque génie du mal avait cherché la formule d'un bouillon de culture pour le microbe du vice et de la criminalité, il n'aurait pu trouver mieux que la maison de correction. » (Louis Roubaud : *Les enfants de Caïn*). On comprend qu'il faut tant de gendarmes, de magistrats, de garde-chiourmes, pour faire respecter la liberté selon la loi.

A la question de la liberté de l'enfant se rattache celle de la *liberté de l'enseignement*. On voit, par ce qui précède, qu'elle ne peut être que la liberté d'abrutir l'enfance suivant les dogmes laïques ou religieux qui dominent socialement.

**
*

Liberté du Travail

L'enfant, ainsi préparé à toutes les servitudes et devenu adolescent, est invité à se mettre au travail pour « gagner sa vie ». Les économistes ont longuement écrit sur la liberté du travail proclamée par la Révolution Française. La loi des 2 et 17 mars 1791 a été établie, disent-ils, pour « laisser à tout homme le choix de son travail », et des ministres, tel M. Herriot, viennent dire aux enfants, lors des distributions de prix : « Choisissez bien votre métier, on ne fait bien que ce que l'on aime »... Quelle est la liberté de ce choix pour le jeune homme qui n'a pas eu la possibilité de développer ses facultés et a été pris, dès sa venue au monde, dans l'engrenage du *déterminisme social* ? Même s'il est capable de faire un choix, n'est-il pas empêché de le suivre dans la plupart des cas par la nécessité d'apporter sa quote-part au foyer familial où il a été jusque là une charge, et qui l'oblige à accepter, non à choisir, n'importe quel métier, pourvu qu'il soit lucratif ? Il n'est donc pas libre de choisir son métier, et il n'est pas davantage libre de discuter les conditions de son travail avec celui qui l'emploiera; il doit subir celles de l'employeur.

Certes, le travailleur n'est plus l'esclave antique, le serf féodal ; il est libre de refuser les conditions d'un patron, mais qu'est cette liberté si elle ne lui laisse d'autre ressource que de ne pas trouver du travail et de mourir de faim ? Les économistes disent excellemment : « La liberté du travail est le seul moyen de donner à la puissance de l'homme le maximum qu'elle peut atteindre ; elle détermine les goûts et les aptitudes, développe l'esprit d'invention, suscite l'initiative, assure l'énergie et la persévérance. Elle est le principe de la propriété qui permet à l'homme de jouir et de disposer des fruits de son travail et qui, en sollicitant les volontés, active et augmente la puissance productrice. Sans la liberté et la propriété qui sont unies d'une façon indissoluble, le travail perd ses principales forces, et la société s'immobilise dans l'inertie et dans la misère. » (Georges Bry : *Les lois du travail industriel et de la Prévoyance sociale*). Le point noir, c'est que ces beaux principes sont contredits par les faits suivants : la propriété est constituée non par le travail, mais par l'exploitation de celui des autres, et la propriété est l'ennemie de la liberté du travail. Aussi est-ce bien vainement qu'on a fait toute une législation du travail, sauf pour réglementer son esclavage. On a créé un Code spécial du Travail, des comités, des conseils supérieurs, des ministères du Travail dans chaque pays, et un Office International du Travail. On a tenu des Congrès du Travail, particulièrement à Washington, en 1919. Tout cela ne fait que mieux ressortir cette constatation qui est inscrite dans le Traité de Versailles du 28 juin 1919: « ...Attendu qu'il existe des conditions de travail impliquant, pour un grand nombre de personnes, l'injustice, la misère et les privations, ce qui engendre un tel mécontentement que la paix et l'harmonie universelles sont mises en danger, et attendu qu'il est urgent d'améliorer ces conditions... »

Telle est la situation reconnue et décrite par les basochiens officiels. Que devient la liberté du travail avec cela? Aussi, est-ce en vain que les gouvernements, même avec le « collaborationnisme » — formule barbare d'une entreprise vaine — des patrons et des travailleurs, s'efforcent d'étayer par des lois un édifice qui s'écroule. L'organisme est vicié dans son propre sang par l'exécrable exploitation humaine qui est à la base de l'organisation du travail. Tant qu'il y aura salariat, il n'y aura pas liberté du travail. Il ne peut y avoir liberté quand il y a contrainte sous la menace de la faim et, dans cet état d'esclavage où la dignité du travailleur est méprisée, où l'effort de ses facultés est déprécié, le travail porte une souillure qui ne peut qu'en donner le dégoût à celui qui l'accomplit.

La loi reconnait pour les ouvriers comme pour les patrons le droit de coalition et le droit de grève. Mais qu'arrive-t-il quand les ouvriers usent de ce dernier ? Les conditions matérielles de la lutte sont d'une telle inégalité entre les deux parties que les ouvriers, réduits par la famine, sont bientôt obligés de se rendre. S'ils résistent trop longtemps, s'ils manifestent leur rancœur, leur besoin et leur volonté de justice, ils trouvent devant eux les fusils des « chiens de garde du Capital ». — « Vivre en travaillant, mourir en combattant ! » criaient dans leur désespoir les canuts loqueteux de l'insurrection lyonnaise en 1831. On n'est pas sûr de vivre en travaillant, on est plus sûr de mourir en combattant. A défaut de pain, il y a du plomb qui est distribué au nom de « l'ordre », et on ne regarde pas aux victimes. Les premières que firent les fusilleurs d'ouvriers de la IIIe République, à Fourmies, le 1er mai 1891, furent des femmes et des enfants dont une fillette de huit mois ! En 1867, le premier usage du chassepot avait été fait à Mentana par l'armée française au service du pape contre les républicains italiens. En 1891, ce furent des ouvriers en grève que tuèrent les premières balles Lebel. Depuis, on a fabriqué spécialement des « balles de grève » pour tirer sur les travailleurs. (Pierre Hamp : *Un nouvel honneur*) (1).

La tendance, depuis la Grande Guerre qui a fait une consommation si effroyable de *matériel humain*, est de transformer de plus en plus les travailleurs en fonctionnaires, en *automates*, dans des cadres interchangeables où ils ne sont plus que des boulons, des manivelles. Ils y trouveront peut-être plus de sécurité économique, cette sécurité trompeuse qui fait l'égoïsme et crée l'inertie syndicaliste des corporations privilégiées, mais que deviendront dans tout cela la liberté du travail, le goût, les aptitudes, l'esprit d'invention, l'initiative, etc... ? On voit que les travailleurs ont encore de longues luttes à soutenir s'ils veulent connaître la liberté du travail inscrite si fallacieusement dans la loi. Elle ne sera possible que lorsqu'ils auront supprimé le salariat par leur action révolutionnaire.

*
* *

Liberté de la Femme

Sauf dans les circonstances plutôt rares d'organisations sociales basées sur le *matriarcat*, la femme a toujours été sous la dépendance de l'homme. Considérée comme inférieure, elle a dû subir un tuteur. Aujourd'hui en-

(1) Aux grèves de Rivesaltes, en 1928, on a employé contre les ouvriers des troupes noires. — « Justice immanente ! » dirait un observateur narquois. Les esclaves blancs voient se dresser aujourd'hui contre eux les hommes qu'ils sont allés asservir, aux colonies, pour le profit de leurs communs exploiteurs !...

core, le mariage tel qu'il existe et dont, dans son ignorance, elle croit avoir besoin pour sa défense, n'est toujours qu'une forme de cette dépendance. Le christianisme, qui prétend avoir libéré la femme, a fait peser sur elle la plus terrible malédiction. En adoptant le mythe païen de Pandore, qui fait porter à la femme la responsabilité des maux de l'humanité, il a encore exagéré, comme toujours, en matière d'imposture et de barbarie. Le Dieu de la Bible a dit à la femme: « Tu enfanteras dans la douleur. Tes désirs se tourneront vers l'homme et il dominera sur toi. » Même lorsque ses désirs ne sont pas tournés vers l'homme, elle est toujours dominée par lui, et la société laïque d'aujourd'hui continue contre elle l'injustice des sociétés religieuses. En France, les « droits de l'homme » ne sont toujours pas ceux de la femme. Politiquement, elle n'existe pas. Si intelligente soit-elle, elle n'a pas ce droit de vote que possèdent les pires abrutis masculins. Civilement, socialement, elle n'existe que pour faire des enfants et supporter les plus lourdes charges de la famille, ou pour servir de bête à plaisir, d'animal de luxe. Même lorsqu'elle arrive par la séduction qu'elle exerce à dominer l'homme et à prendre alors sur lui des revanches terribles, elle n'en est pas moins réduite à une honteuse quoique insolente prostitution.

Jésus et ses compagnons recevaient volontiers les faveurs des femmes ; les apôtres encore davantage et, depuis, les ecclésiastiques ont toujours trouvé auprès d'elles les principales ressources de leur parasitisme. L'Eglise n'en a pas moins la haine foncière de la femme. Jésus n'avait aucune considération pour sa mère. Le culte de la Vierge ne s'est formé que de la tradition populaire du culte de Vénus. Les prêtres cherchaient vainement à l'extirper et ils furent obligés de l'adopter ; ils en firent alors l'idolâtrie de l'Immaculée Conception ! Pour Tertullien, la femme était « la porte du diable ». Il voulait qu'elle fut voilée dans les assemblées. Jean Chrysostome l'appelait : « Souveraine peste... dard aigu du démon ». Jean de Damas voyait en elle une « méchante bourrique... un affreux tœnia qui a son siège dans le cœur de l'homme... une sentinelle avancée de l'enfer ». On n'en finirait plus d'énumérer ces aménités ecclésiastiques. Aujourd'hui encore, l'Eglise humilie la femme par la cérémonie des *relevailles* où elle fait amende honorable de sa maternité comme d'une chose honteuse !... La société civile, même laïque, n'est pas dégagée de ces sottises. Hypocritement, elle n'accorde sa considération à la maternité que dans le mariage !

La femme ne possède donc pas la liberté conventionnelle de l'être humain dans l'état social, et elle subit la forme la plus révoltante et la plus lâche de la loi de l'homme par l'esclavage de sa chair. La formule : « ton corps est à toi », qu'a répandue un roman de Victor Margueritte, est toujours considérée comme révolutionnaire. Le corps de la femme n'est pas à elle. Il est à l'homme qu'elle a « épousé » par ignorance, par préjugé, pour être une « femme honnête », et à qui la loi donne le droit de lui imposer le « devoir conjugal » malgré la répugnance qu'elle peut en avoir. Il est à la brute qui abuse d'elle dans un moment de faiblesse sentimentale, d'émoi de ses sens, et s'en va ensuite sans souci des conséquences de son acte. Il est à la société qui en exige la reproduction de l'espèce, à l'Etat qui lui réclame la multiplication des citoyens sans lui offrir les garanties d'une maternité de son choix. Si, menacée par la misère, affolée par l'idée du « déshonneur », ou simplement soucieuse de sa santé et pour ne pas porter seule le poids d'une « faute » commise à deux, elle supprime son enfant par un avortement ou un infanticide, la loi intervient pour la punir sévèrement avec ceux qui l'ont aidée de leurs conseils ou de leurs actes. (Article 317 du Code pénal et loi du 31 juillet 1920). Le séducteur, l'homme, n'est pas inquiété et peut continuer, selon son caprice, son rôle de fécondateur des femmes en émoi. La loi humaine s'abaisse ainsi au-dessous de la loi naturelle, car il est bien peu de ces espèces animales auxquelles l'homme prétend être supérieur, chez qui le mâle ne partage pas avec la femelle la charge des enfants et s'en libère aussi cyniquement.

Quand la femme est devenue une « fille », une « putain » cataloguée et plus ou moins tarifiée, son corps appartient alors à la débauche des « honnêtes gens », des « bons bourgeois », qui vont « jeter leur gourme » avant le mariage, se distraire après du « pot au feu conjugal » dans les maisons infâmes où ces malheureuses sont parquées. On est effaré lorsqu'on lit dans certains journaux les chroniques scandaleuses qui racontent les ébats extra-conjugaux de tant de dignitaires de « l'élite sociale », hauts personnages gouvernants, financiers, magistrats, militaires, gens du monde et d'église, tous professeurs de vertu, marchands de morale, champions des bonnes mœurs, pères et fils de « respectables » familles, et qui ne sont que de vieux et jeunes saligauds renouvelant l'immondice des lupanars où se vautrèrent Sodome, Babylone et Rome. Et ce sont ces gens-là qui font des lois pour la défense de la moralité publique !...

La prostitution est la tare la plus honteuse de la société, la forme la plus crapuleuse de l'exploitation humaine, et c'est la plus hypocrite parce qu'on feint de l'ignorer. L'Etat, qui a une conception spéciale de la pudeur, refuse à la prostitution une existence légale ; mais il veille attentivement sur elle pour en percevoir la dîme. Il est comme ces papes qui condamnaient la débauche au nom de la religion, mais qui tenaient des lupanars où des femmes « travaillaient » pour eux et pour les cardinaux. L'Etat s'occupe de pourvoir les villes de garnison de « maisons de tolérance ». Avec l'estaminet et le marchand de tabac qu'il ravitaille, il procure ainsi au militaire les trois éléments de joie chantés dans le *Châlet :*

Vivent le vin, l'amour et le tabac !

qui achèvent de l'abrutir quand les exercices guerriers n'y suffisent pas. Dans sa sollicitude toute spéciale, l'Etat entretient ainsi, nationalement, des générations d'alcooliques, de syphilitiques et de fous. En 1912, un ministre ne disait-il pas aux marchands d'alcool : « Vous êtes le rempart de la dignité et de la prospérité nationales » ?... Il eût pu en dire autant à Mme Tellier et à M. Philibert. Actuellement, l'Etat retire plus de deux milliards par an de la vente du tabac et ses ministres disent à ceux qui le débitent : « Vous êtes à la fois des collaborateurs dévoués de l'Etat et les excellents serviteurs du public. » (M. Herriot, 21 octobre 1928).

Une dame Zwiller a dit des prostituées : « Ce ne sont pas des femmes comme les autres ; les prostituées sont des femmes d'une catégorie tout à fait inférieure, tout à fait en bas de l'humanité. Elles ne sont pas bonnes à autre chose ; la prostitution, c'est leur vocation naturelle. Elles sont très utiles, et si elles n'existaient pas, il faudrait les inventer. ».

(Cité par les *Cahiers des Droits de l'Homme*, 20 mai 1928). Heureuse cette dame qu'une situation privilégiée met sans doute à l'abri d'une telle « vocation » ! Mais si c'est l'opinion des gouvernants qu'ils le disent nettement et que la turpitude ne soit pas masquée de tartuferie. Pendant que la prostitution d'en haut trouve toutes les complaisances et participe aux élégances du régime, celle d'en bas est traquée avec la dernière rigueur. La loi, ne voulant pas connaître les prostituées, les abandonne à tous les abus de la « police des mœurs ». Sans autres motifs que des caprices policiers, sans avoir commis aucun délit prévu par le Code, elles sont arrêtées, incarcérées pour un temps plus ou moins long. La « mise en carte » en fait des esclaves à la merci des trafiquants, policiers et autres, qui les traitent comme une marchandise. Ces « reines du trottoir » n'ont pas la liberté de la circulation, même lorsqu'elles ne se livrent pas à leur métier. Elles sont sous la surveillance constante de la police et n'ont aucune des garanties de la liberté individuelle, même au sens de l'article 114 du C. P.

Ce n'est pas seulement lorsque la femme a commis une « faute » qu'elle est livrée par l'hypocrisie sociale à la prostitution. La faim et l'ignorance sont les grandes pourvoyeuses du trottoir et des maisons de tolérance. Les trafiquants guettent comme des oiseaux de proie la femme jeune, jolie et pauvre. Les professions sont très rares dans lesquelles elle peut gagner sa vie et s'assurer une indépendance économique lui laissant la liberté de son corps. Dans presque tous les métiers son travail est insuffisamment payé. L'infâmie capitaliste exploite sa situation. La jeune fille devra avoir un « ami », chercher « un vieux », pour parfaire l'insuffisance de son salaire, quand ils ne se présentent pas sous les traits d'un patron ou d'un contre-maître qui la priveront de travail si elle ne leur cède pas. Même la femme mariée devra recourir à de tels moyens si son mari n'apporte pas dans le ménage tout l'argent nécessaire. Il est peu de grands magasins où les directeurs, les chefs de service, graves personnages, pères de famille bien pensants et décorés, ne disent aux femmes qu'ils emploient ; « Nous vous payons peu, mais vous êtes gentilles et vous pouvez vous faire des ressources au dehors ! » Il n'y a guère que des emplois de fonctionnaires qui procurent l'indépendance économique à la femme sans fortune pour s'établir dans le commerce ou dans une profession libérale. Elle peut y être relativement libre et tranquille ; encore faut-il qu'elle ne soit pas sous la coupe de chefs qui lui jetteront le mouchoir.

Au théâtre, pendant longtemps, il fut impossible à la femme d'éviter la prostitution. Sous l'ancien régime, un engagement à l'Opéra était un « passeport de mauvaise vie et de mœurs ». Aujourd'hui, sauf dans les cas très rares où elle s'impose par un talent vraiment supérieur, une actrice est à peu près certaine de ne pas réussir, même dans les théâtres les plus subventionnés, si elle n'a pas de « commanditaires » financiers ou des « protecteurs » parmi des politiciens à qui les directeurs de théâtre ne peuvent rien refuser. La femme de théâtre est en outre la proie de tous les satyres du journalisme et d'autres entreprises de publicité qui exigent d'être payés « sur la pièce » et se livrent pour cela, sous le couvert de la critique théâtrale, aux plus sales chantages. Le « beuglant » fut longtemps le concert dans la maison de tolérance. Il l'est encore parfois, en province, malgré les énergiques interventions des syndicats du personnel des théâtres. La chanteuse n'était pas payée ; après avoir chanté, elle faisait la quête dans les rangs du public et complétait son gain en faisant des « passes ». Les contrats les plus immoraux lui étaient imposés par des marchands de chair humaine appelés « agents lyriques » et la police des mœurs était là pour faire respecter ces contrats. Aujourd'hui, malgré toutes les apparences de liberté, la femme de théâtre échappe encore difficilement à une prostitution qui est sa plus grande chance de réussite et en est le moyen le plus à sa portée. Il en est de même dans toutes les professions féminines, et il en sera ainsi tant que la femme n'aura pas obtenu dans la société toutes les garanties de liberté individuelle qui doivent être celles de tous.

***

Liberté de conscience et Liberté d'opinion

La liberté de conscience n'est que la liberté d'opinion considérée en matière religieuse.

Dans une brochure intitulée : *La Liberté d'opinion*, par E. Boudeville, cette liberté a été remarquablement définie et étudiée. Elle n'est pas seulement le droit d'avoir une idée et un sentiment personnels sur toute chose, elle est en outre et essentiellement : « le droit d'exprimer, d'expliquer, de commenter, de répandre publiquement, soit par la parole, soit par des écrits, ses opinions, ses conceptions, ses doctrines, et d'en proposer, à une fraction de la collectivité ou à la collectivité tout entière, l'application ou l'usage. » L'esprit, qui ne connaît aucune limite, aucune barrière à ses investigations, doit pouvoir s'exprimer avec la même liberté. Cette liberté est la première des conditions du progrès social. Ce progrès est impossible dans une société qui ne pratique pas, pour la manifestation des idées, la tolérance la plus absolue, la « liberté sans rivages », comme disait Jules Vallès.

On comprend l'intolérance et l'interdiction de la pensée dans les sociétés théocratiques et monarchiques. Aux hommes ignorants et méchants, Dieu a donné des guides éclairés et bons par qui ils doivent se laisser conduire. Ces guides, les prêtres, les princes, les chefs, pensent pour eux. Ils n'ont pas à penser par eux-mêmes, il leur est même interdit de penser pour ne pas risquer de tomber dans l'hérésie et la révolte. Ils n'ont plus qu'à croire et obéir.

Par contre, l'intolérance et l'interdiction de la pensée sont absolument incompatibles avec une société républicaine. La République, qui doit être le gouvernement du peuple tout entier, du « peuple souverain », n'est possible qu'avec le concours des lumières de tous. C'est non seulement un droit, c'est un devoir impérieux pour chaque citoyen d'exposer ses idées et ses conceptions, de formuler ses critiques, si vives soient-elles, pour que tous puissent les examiner, les discuter et, le cas échéant, s'y rallier dans l'intérêt commun. Comme dit Boudeville : « L'expérience collective ne peut se constituer, et la raison collective s'exercer, sans la liberté intégrale d'opinion. » Ceci admis, et nous ne voyons pas qu'on puisse le discuter, comment peut-on appeler : *République*, un Etat où cette liberté *intégrale* d'opinion n'existe pas ? Cette étiquette ne couvre qu'une caricature de république déguisant un régime théocratique ou monarchique plus ou moins odieux selon la gravité des abus cachés sous ses vocables pompeux mais vides.

Il n'est rien de tel, pour juger l'imposture d'un régime usurpant la qualité républicaine, que de voir l'étiage de la liberté qu'il laisse à l'opinion. Dans aucun cette liberté *n'existe, parce qu'ils sont tous dominés par un gouvernement* plus ou moins théocratique ou monarchique qui règne par la loi, c'est-à-dire la violence organisée, au nom d'une fallacieuse souveraineté du peuple. (Voir plus haut). Tout comme le gouvernement d'un Moïse ou d'un Napoléon, ces gouvernements dits républicains ne peuvent tolérer, sans danger pour eux-mêmes et pour les privilégiés dont ils représentent les intérêts, l'expression d'une pensée autre que la leur et susceptible d'inciter le peuple à vouloir une vraie république. La liberté d'opinion, qui serait le fondement et la sauvegarde de cette république, est considérée comme une calamité dans les républiques à l'envers, tout comme si elles avaient à leur tête ces dictateurs et ces papes qui jetaient l'anathème contre toute pensée n'émanant pas de leur « infaillibilité ». De l'aveu même de leurs bourreaux, Sacco et Vanzetti n'ont été exécutés, en Amérique, que parce qu'ils étaient anarchistes !

On a fait, contre la liberté d'opinion, les lois les plus antirépublicaines qui puissent être, les « lois scélérates » des 12 et 18 décembre 1893, 28 juillet 1894 et 31 juillet 1920, qui permettent les persécutions les plus sournoises et les condamnations les plus étendues. Lancé dans cette *voie, on ne manquera pas d'en faire d'autres encore si on* en voit le besoin, comme on a fait celle de 1920 vingt-six ans après les trois autres (1), lois de circonstances qui devaient être abrogées quelque temps après et qui sont de plus en plus férocement appliquées. Grâce à ces « lois scélérates », les garanties essentielles que donnait à l'expression de la pensée la loi sur la presse du 29 juillet 1881 sont sans effet. Ces lois permettent de faire poursuivre pour « propagande anarchiste » l'auteur de n'importe quel discours ou article de journal devant un tribunal correctionnel. « Donnez-moi deux lignes de l'écriture d'un homme, et je le ferai pendre », disent encore certains magistrats ; on leur

(1) Le gouvernement a déposé le projet d'une nouvelle loi de cette espèce « contre le droit des peuples à disposer d'eux-mêmes ». La Ligue des D. de l'H. a déjà donné à cette loi le qualificatif de « superscélérate ». La *Ligue contre l'oppression coloniale et l'impérialisme* a organisé, avec d'autres groupements, un Comité d'action pour combattre ce projet. Le Comité invite tous les esprits libres à protester. Lui demander des feuilles de pétition en s'adressant à M. A. Billaz, 44, boulevard Beaumarchais, Paris-3e.

a donné les « lois scélérates » et ils étranglent la pensée. La loi de 1881 renvoyait les crimes ou délits d'opinion devant la cour d'assises ; mais le jury ne condamnait pas assez au gré des gouvernants qui en étaient trop souvent pour le ridicule de leurs pousuites (1). En correctionnelle, c'est plus sûr ; les condamnations tombent automatiquement et si, par hasard, un tribunal se refuse à cette besogne servile, les juges d'appel ou de cassation l'accomplissent à sa place pour que force, sinon prestige, reste au pouvoir. D'une déclaration faite le 10 janvier 1927, à la Chambre des Députés, par M. Barthou, il résulte que, du 1er janvier 1925 au 31 juillet 1926, les « lois scélérates » ont servi à faire prononcer 535 condamnations ! (2). La presse appelée « républicaine », honteusement domestiquée, ne proteste pas. Elle approuve même, quand elle ne les réclame pas, les condamnations de plus en plus lourdes qui s'abattent sur telle ou telle catégorie de personnes, sur tel ou tel parti politique. Il faudrait avoir la vie de Mathusalem pour payer le nombre d'années de prison accumulées sur la tête de certains. Les larbins de presse s'amusent de ces « records » ; ils les atteindront peut-être eux-mêmes, un jour, pour des chantages ou des escroqueries, mais certainement pas pour la défense d'une liberté qu'ignore leur servilité. Les condamnations sont prononcées en série. Les juges ne s'occupent pas du cas particulier de chacun. Il suffit que le dossier porte cette étiquette : « propagande anarchiste ». L'éti-

(1) Un Delannoy, un Grandjouan, avaient jadis les garanties de la loi du 29 juillet 1881 lorsque leurs dessins, jugés subversifs, leur valaient des poursuites. Le dessinateur Deschamps a été poursuivi et condamné en correctionnelle pour un dessin paru dans *L'Humanité*.

(2) Au mois de septembre 1927, le ministre de l'Intérieur, M. Sarraut, publiait son « tableau de chasse » anti-communiste dans les termes suivants : « 14 des principaux chefs de file des organisations sont à la Santé et 30 autres dans les prisons de province ; 100 incarcérations ont eu lieu pour action antimilitariste depuis le 1er janvier et 52 poursuites nouvelles sont engagées ; 36 condamnations à la prison ont été prononcées à la suite de la soirée du 23 août (celle de la manifestation pour Sacco et Vanzetti) et 11 affaires sont encore à l'instruction ; 19 journaux ouvriers en langue étrangère ont été supprimés et 8.500 éléments « indésirables » ont été expulsés dont 250 étaient des militants révolutionnaires ; enfin, une série de maires et adjoints ont été révoqués ou suspendus parce que communistes. »

Depuis, on a fait mieux encore. Du 1er mai 1928 au 1er mai 1929, 649 poursuites ont été engagées et, dans les seuls trois mois qui se sont écoulés du 1er mai au 1er août 1929, on en a vu 659 nouvelles dont 382 pour le seul mois de juillet ! On se demande jusqu'où ira cette progression.

quette s'applique à toute opinion ou toute activité dite subversive : libertaire, communiste, syndicaliste, antimilitariste, antireligieuse, néo-malthusienne, etc... Tous ceux qui en sont accusés sont des malfaiteurs avérés ; s'ils discutent, ils ne font que se compromettrent davantage.

Le ministre Constans disait : « Les anarchistes sont tous ceux qui m'em... ! » C'est ainsi que les « lois scélérates » *sont employées contre tous ceux qui « em..... » le* gouvernement.

Cette répression ne suffit pas ; elle est aggravée par tous les moyens. Le « régime politique », dans les prisons, la « libération conditionnelle », ont de moins en moins de règles. Ils dépendent des caprices des maîtres du jour. On met au régime politique des condamnés de droit commun : escrocs, diffamateurs, tripoteurs d'affaires, voleurs de Bourse, qui sont bien en cour. On refuse ce régime aux condamnés pour délits d'opinion dont la fierté de caractère et de principes demeure hostile à l'immoralité dirigeante. Dans les « Santé » républicaines, remplaçant les « Bastille » royales, la haute pègre des inculpés et condamnés de droit commun coule des jours agréablement sustentés et arrosés de homard thermidor et de Haut-Brion, en attendant un non-lieu, prélude du ruban rouge, ou une évasion rocambolesque. Mais des condamnés politiques, qui ne sont que de « vagues humanités » pensantes et révoltées, subissent toutes les rigueurs du droit commun. Un Gaonach, instituteur condamné pour ses opinions, y subit sa peine jour pour jour. La libération conditionnelle d'usage lui fut refusée sous prétexte que ses amis avaient « manqué de déférence » à l'égard d'un ministre !... Gourmelon, phtisique arrivé au dernier degré d'épuisement, mais anarchiste impénitent, est mort après deux mois de prison préventive pour un crime dont il était innocent !... On applique non moins arbitrairement la « contrainte par corps », aggravant ainsi des condamnations déjà excessives. On expulse sans aucune enquête, de la même façon qu'on interne abusivement les étrangers suspects. La même fantaisie préside à des extraditions pouvant coûter la vie à leurs victimes. Pour plaire à des gouvernements voisins, satisfaire des rancunes particulières, on ignore ou on viole ce « droit d'asile » que respectèrent jadis les pires tyrans.

Mais on va plus loin encore. En violation formelle des « lois scélérates » elles-mêmes, et ne les trouvant sans doute pas assez liberticides, on saisit et on confisque les publications suspectes. La loi n'admet que la saisie partielle, pour établir qu'il y a eu délit et motif de poursuite. Par la saisie préventive et totale, hypocrite application du principe : « il vaut mieux prévenir que guérir », on supprime le délit, on arrête la poursuite et on enlève à l'opinion toute possibilité de se répandre. C'est l'étranglement sans phrase de la pensée, la suppression pure et simple de la liberté d'opinion. On ne faisait pas mieux sous Napoléon Ier, qui se vantait de ne pas faire de procès de presse!... (1) On arrête et on condamne non seulement des vendeurs de journaux interdits, mais aussi de journaux qui ne sont l'objet d'aucune poursuite ! On condamne des gérants pour des articles dont les auteurs n'ont jamais été poursuivis. Suivant la direction que le vent donne aux girouettes politiciennes, certains vieux articles ministériels, de M. Briand, par exemple, valent la prison à qui les reproduit. Les mêmes procédés d'interdiction et de répression sont employés contre la *liberté de réunion.* Les pouvoirs des préfets et des maires leur permettent d'interdire n'importe quelle réunion, sous prétexte d'éviter des troubles. On arrête même préventivement des manifestants « présumés ». (1.500 personnes à Ivry, le 5 août 1928. 1.200 autres à Vincennes, en octobre 1928. Manifestants de Breil (Alpes-Maritimes), le 30 octobre 1928. Féministes à Paris le 6 novembre 1928. 3.500 syndicalistes le 1er mai et communistes dans toute la France, le 1er août 1929, etc...) (2), On voit ainsi, de plus

---

(1) M. Fernand Kolney ayant écrit un livre: *L'Honnête Poincaré* ou le *Banqueroutier des quatre-cinquièmes,* en a vu saisir les éditions chez les libraires. Cette saisie a été ordonnée par le Préfet de police en violation de toutes les lois, même de l'article 10 du Code d'instruction criminelle par lequel le Préfet prétendait justifier son coup de force. Le livre de M. Kolney n'ayant fait à aucun moment l'objet d'une instruction judiciaire, sa saisie n'a été qu'une manifestation du « bon plaisir » de celui qui l'a ordonnée. (*Cahiers des Droits de l'Homme,* 10 juin 1929.)

---

(2) M. Urbain Gohier pouvait écrire en 1896 que la police républicaine aggravait les procédés de la police impériale. M. Ch. Maurras pouvait dire à son tour, après le 1er mai 1929: « Nous n'avons jamais dit que la monarchie n'eût jamais abusé des lettres de cachet... Il y a cependant abus et abus. Nous avons dit que la monarchie française n'avait jamais signé 3.000 lettres de cachet dans une journée. Nous le répétons. »

en plus oppressive, la manifestation de la haine bourgeoise contre la liberté d'opinion, haine qui se traduisit pendant tout le XIXe siècle par des procès de presse comme par des fusillades et qui se concrétisait dans cette formule cynique: « Silence aux pauvres! »

— « Il faut frapper à la caisse ! » déclare aujourd'hui la valetaille gorgée de sportule qui ose se dire républicaine et parler au nom de la liberté, comme la valetaille théocratique et monarchique parlait au nom de Dieu et du Roi. Tous les jours des saisies préventives et de lourdes condamnations pécuniaires ruinent de petits journaux, et des militants qui n'ont que leur cœur et leurs bras à donner à leur cause sont emprisonnés et condamnés à des amendes excessives. M. Painlevé, ministre de la guerre, a donné la formule devant la Chambre des Députés, et un avocat général à la cour de Poitiers l'a exprimée ainsi dans un réquisitoire : « L'homme que vous avez à juger n'est rien. Mais il appartient à une organisation disciplinée. C'est elle qu'il faut atteindre, et vous ne *pourrez la frapper* qu'en condamnant ses membres à de fortes amendes qu'elle paiera. » Quand une organisation ne paie pas, on use de la contrainte par corps contre les membres condamnés. Cette contrainte s'exerce même en faveur des particuliers qui acceptent de faire les frais de l'emprisonnement de leurs adversaires, cela en conformité de la loi du 22 juillet 1867. On a vu, au mois d'octobre 1928, appliquer la contrainte par corps à Martin, gérant du journal *Le Flambeau*, à la demande de l'évêque de Séez. On a remarqué à cette occasion qu'au temps de Saint Louis, roi de France, une ordonnance interdisait l'emprisonnement pour dettes autres que celles envers le roi. Il a fallu une loi de l'Empire, demeurée en vigueur dans la République laïque, pour permettre à l'épiscope de Séez de satisfaire contre Martin la vengeance qu'un saint, qu'il fait métier de vénérer, lui aurait refusée il y a 700 ans !...

— « Frappez à la caisse ! » rugissent, rageurs et baveux, les valets de plume banqueroutiers de la liberté et de l'honneur d'une presse dont ils ont fait un dépotoir. Pour ces vendus, l'expression d'une opinion indépendante est intolérable, comme pour les gouvernants. S'il est des circonstances atténuantes pour les criminels les plus endurcis, il n'en est pas pour ceux qui demeurent rebelles à l'orthodoxie officielle. L'Etat, même républicain et laïque continue les traditions de l'Eglise qui « canoniserait Cartouche dévôt », comme disait Voltaire, mais qui a voué Socrate à une damnation éternelle.

Il y a toujours une pensée subversive ; il y en aura toujours une, tant que la vraie liberté, la « liberté sans rivages », n'existera pas. Et il est parfois aussi dangereux de penser et de s'exprimer librement en matière de science et d'art qu'en politique. Le savant et l'artiste qui ne se soumettent pas à l'orthodoxie sont suspects à l'opinion moutonnière. Elle les fait condamner, à la première occasion, sous des prétextes plus ou moins hypocrites. Un Oscar Wilde en a été la victime ; « il fut traqué hors de la vie parce que ses péchés ne furent pas ceux de la classe moyenne anglaise ». (Frank Harris). Ferrer a été fusillé, en Espagne, à l'instigation des jésuites excités contre ses idées pédagogiques. L'Amérique, soumise à la Bible, n'autorise pas l'enseignement des théories de Darwin, et même en France, un professeur a fait l'expérience que Darwin est indésirable dans les collèges. (Affaire du professeur Rietz, à Tourcoing). Selon les circonstances, on interdit dans les lycées certaines lectures, comme celle de la *Vision de Babouc*, de Voltaire. On n'y admet que des livres soigneusement expurgés. Victor Hugo lui-même y est châtré de son : *Déshonorons la guerre*, par des eunuques imbéciles qui font du patriotisme avec la peau des autres. Le mensonge patriotique est défendu par des gens qui prétendent représenter *l'honneur* parce qu'ils le portent à leur boutonnière, et qui excluent de leur rang un Demartial pour s'être permis de dire la vérité sur les responsabilités de la guerre. (Voir *Europe*, 15 juin 1928). On avait déjà vu la « Légion d'honneur » prendre la défense du faux patriotique contre la vérité que révélait Zola, lors de l'affaire Dreyfus. Au temps de Molière, siffler était un droit qu'au théâtre on payait en entrant. Aujourd'hui, on encourt d'abord un « passage à tabac » des policiers, puis une condamnation à quatre mois de prison sans sursis. (Affaire Roux, 10e Chambre correctionnelle de Paris, 4 janvier 1928). Au théâtre, comme partout, le « cochon de payant » doit se taire. Dans toutes les formes de la vie sociale, ainsi que l'a constaté Séverine, « le citoyen doit rester sourd, aveugle et par dessus tout muet ».

C'est ainsi que les caricatures de républiques ressemblent aux démocraties des César et des Octave où la « liberté sans rivages » était remplacée par ce que Naudet a appelé « la hiérarchie de la servitude ».

*
* *

Liberté des Fonctionnaires

Cette liberté n'est pas menacée seulement pour les femmes, par des chefs ou des politiciens jouant aux pachas ; elle est livrée pour tous, hommes ou femmes, aux avatars de la politique. Parfois, on dit aux fonctionnaires : « Votre devoir est de vous mêler à la vie politique du pays » (Jules Ferry, 1881), ou bien : « Le fonctionnaire peut user du droit qui appartient à tous les autres citoyens de signer une affiche, un article, de prendre la parole dans une réunion publique. » (Barthou, 1909). D'autres fois, on leur conteste ces devoir et droit ; on les poursuit, on les condamne et on les révoque s'ils passent outre. Ils sont en somme les jouets de la versalité gouvernementale.

En principe, le fonctionnaire est un citoyen libre comme les autres. En fait, il ne possède de liberté que dans la mesure où l'Etat, qui est son employeur, veut bien lui en laisser, c'est-à-dire moins qu'aux autres. On lui reconnaît, ou on ne lui reconnaît pas, les droits des travailleurs ordinaires de se syndiquer, de penser ce qu'il veut et d'exprimer son opinion. Il est à la fois Dieu, table, cuvette... et moins encore. On lui dit: « Un fonctionnaire n'a pas le droit de critiquer le gouvernement qui le paie »; on oublie d'ajouter: « au dessous d'un certain chiffre d'appointements ». Car, les gens que le gouvernement paie le plus cher sont ceux qui peuvent le critiquer le plus impunément. Cela paraîtrait paradoxal dans une société bien équilibrée ; c'est un phénomène normal dans « l'ordre » où nous vivons. Le degré de liberté d'un fonctionnaire est déterminé par la place qu'il occupe dans la hiérarchie administrative et par la nature de ses opinions. Un haut diplomate, un grand chef dans un ministère, un professeur de Sorbonne, un général, un amiral, peuvent vitupérer le régime qui les fait vivre grassement.

Un commis, un cantonnier, un instituteur, un soldat, un matelot doivent se taire s'ils ne pensent pas comme leurs chefs, surtout s'ils sont des républicains sincères et pas seulement des budgétivores. Sous le régime dit de « l'Ordre moral », que les républicains flétrissent avec indignation, les fonctionnaires servaient d'agents électoraux pour le succès des candidatures officielles. Aujourd'hui, ils ne reçoivent plus des « ordres » ; le procédé est plus insinuatif, mais il n'est pas moins arbitraire. Dans l'arrondissement, la petite ville, le village, il est dangereux pour les fonctionnaires d'avoir des opinions personnelles et de se tenir en dehors des querelles de la sous-préfecture, de la mairie, du château, de l'église, de l'usine, qui règnent sur la vie économique et sur les consciences de la région. Chacune de ces puissances a son candidat en temps d'élection ; chacune prétend mobiliser le fonctionnaire pour sa cause. Des prodiges d'équilibrisme ne le mettent pas toujours à l'abri des représailles. Suivant qu'il aura été favorable à tel ou tel, ou, ce qui est pire, s'il est resté neutre, il recevra de l'avancement, des faveurs, ou sera envoyé en disgrâce, croupira dans des postes déshérités et sera même brutalement révoqué sur la demande d'un tyranneau triomphant. Jadis, dans leurs domaines, les aristocrates couraient le vilain en même temps que le cerf. Aujourd'hui les grands propriétaires, hobereaux, financiers, politiciens, chassent le fonctionnaire en même temps que le lapin dans la garenne républicaine.

Les fonctionnaires sont à la merci des notes secrètes que des chefs malveillants introduisent dans leurs dossiers (1). Ce qui compte sur ces fiches, qui font tant crier lorsqu'elles concernent l'aristocratie prétorienne, mais contre lesquelles personne ne proteste lorsqu'elles visent des citoyens obscurs, ce ne sont pas les qualités professionnelles ; ce sont les opinions. « Bon service apparent » veut dire : service bien fait mais caractère indépendant. La pire des notes administratives est : « trop intelligent ». Voilà le plus dangereux des certificats. Celui qui en est l'objet fait trop bien son service pour le public ; il le fait mal pour l'administration qu'il cri-

(1) L'Administration autorise même l'introduction dans ces dossiers de *lettres anonymes* non communiquées aux intéressés! (*L'Œuvre*, 9 juin 1929).

tique sans complaisance, dont il dénonce l'incurie en raillant l'imbécillité galonnée et en refusant de se laisser domestiquer par elle. Ce fonctionnaire-là n'a qu'une chose à faire : quitter une administration où il s'est fourvoyé comme un écureuil dans un trou de taupe. Nous avons eu l'occasion de voir, dans le dossier d'un de ces milliers de procès dits « défaitistes » du temps de guerre, un rapport secret émanant d'une grande direction de province des P.T.T. Ce raport était d'une telle bassesse policière que le Procureur de la République, écœuré, refusa de s'en servir dans son réquisitoire. On a cité dernièrement, dans *L'Œuvre* (29 janvier 1929), le cas d'un ancien gendarme condamné à un an de prison en vertu des « lois scélérates » parce qu'il osait réclamer une pension pour infirmité contractée en service !...

En somme, les fonctionnaires paient chèrement, aux dépens de leur liberté, le bien-être et la sécurité relatifs que leur procurent leurs fonctions. Leur situation est celle du chien de la fable :

> « ... donner la chasse aux gens
> Portant bâtons, et mendiants;
> Flatter ceux du logis, à son maître complaire;
> Moyennant quoi votre salaire
> Sera force reliefs de toutes les façons,
> Os de poulets, os de pigeons,
> Sans parler de mainte caresse. »

Et sans parler de ce collier qui fait fuir le loup, même affamé.

Dans la brochure de E. Boudeville sur la *Liberté d'opinion*, la situation des fonctionnaires est particulièrement étudiée.

*
* *

Liberté des Indigènes Coloniaux

Depuis plusieurs années, de très nombreuses plaintes ont jeté des lueurs dans le brouillard épais du régime des peuples conquis aux colonies.

Méprisés comme appartenant à des races inférieures, ils furent pendant longtemps regardés comme un vil bétail et soumis à toutes les servitudes et les déchéances de l'esclavage. A la clarté des idées du XVIIIe siècle, on commença à voir en eux des hommes comme les autres. La Révolution française répandit en leur faveur des idées plus fraternelles, et durant le XIXe siècle, on arriva peu à peu à supprimer *officiellement* l'esclavage dans presque tous les pays coloniaux. Il subsiste encore dans certaines possessions comme les Indes anglaises. On apprend de temps en temps qu'un gouverneur de province rend la liberté à des esclaves. 3.350 furent ainsi libérés dans le gouvernement de Durma, en 1926, et ce fut un « vilain cadeau » pour eux, de l'avis de *L'Œuvre*, journal républicain (7 mai 1926). En 1927, 215.000 esclaves de Sierra-Leone ont recouvré leur liberté.

En principe, il est généralement admis que les indigènes, comme tous les hommes, doivent jouir des Droits de l'Homme. En fait, il n'en est rien. Ils restent des esclaves qu'on exploite et qu'on tue au nom de la liberté républicaine comme on les exploitait et les tuait au nom de cette « heureuse disposition de la Providence » qui les livrait au fouet des négriers. Henri Rochefort a raconté dans son roman : *L'Evadé*, comment se faisait le trafic des indigènes en Océanie, il y a un demi-siècle, et comment « la civilisation moderne a imprimé à la récolte et à l'écoulement de ce produit (l'indigène) son cachet ordinaire d'hypocrisie prudente ». Cinquante ans après Rochefort, un anglais, auteur des *Lettres des Iles Paradis*, a fait les mêmes constatations. Aujourd'hui, après la « Guerre du Droit des peuples à disposer d'eux-mêmes », — style officiel — on lit dans des journaux que cet odieux trafic se continue toujours. Trafic qui se fait dans toutes les colonies, sous des formes plus ou moins déguisées, et dont les échos sont de plus en plus nombreux, en même temps que se manifeste une indignation plus véhémente contre l'hypocrisie de bourreaux démocrates aussi odieux que ceux de droit divin.

Les Anglais, qui sont si jaloux de leur liberté individuelle et si fiers d'avoir, les premiers, introduit dans la législation « civilisée », leur *bill d'habeas-corpus*, sont les moins respectueux de la liberté des indigènes et donnent aux autres « colonisateurs » l'exemple de la plus féroce exploitation de ces malheureux vaincus. Leurs colons de la Rhodésie méridionale ont fait voter par leur parlement, en 1926, une véritable loi esclavagiste autorisant l'emploi d'enfants des deux sexes, sans limite d'âge, dans les mines et dans l'agriculture, et permettant contre ces enfants la flagellation, sans jugement, pour refus d'obéissance ou négligence. Aux Indes et dans les possessions européennes en Chine, femmes et enfants sont exploités dans les mines et les usines. 33 millions de femmes travaillent aux Indes pour les profits britanniques et dans des conditions telles que souvent, lors de la paie, ce sont elles qui doivent de l'argent à leurs employeurs !... La pudique Albion entretient à Bombay une demi-prison, gardée par sa police, où 900 femmes indigènes sont parquées pour servir au plaisir des blancs. (*Lansburg Labour Weekly*, juin 1926). Comme conséquence de l'exploitation féminine, les mères, obligées de laisser leurs enfants pour aller travailler, leur font prendre de l'opium pour qu'ils dorment en leur absence. 98 p. 100 des enfants sont ainsi empoisonnés. 666 sur mille meurent avant l'âge d'un an. La plupart de ceux qui survivent sont employés, dès l'âge de six ou sept ans, dans les mines, les usines, les plantations, pendant dix heures par jour. A Shang-Haï, dans les usines textiles anglaises et françaises, des enfants de *cinq ans* travaillent sans arrêt pendant douze heures par jour !...

L'administration de la justice est en rapport avec cette exploitation inhumaine. Les colonies ont des tribunaux et des législations spéciaux. Le principe est que l'indigène a toujours tort devant le blanc. Magistrats, comme tous autres fonctionnaires, disposent, on peut dire à leur gré, de la liberté et de la vie de l'indigène ; on ne lui doit aucune explication. Voici un exemple caractéristique entre mille. En 1927, à Alger, au centre de la colonie française la plus « civilisée », une petite Mauresque, nommée Ourdia, a été enlevée à sa mère par un médecin français. Malgré ses plaintes en justice, la mère n'a pu se faire rendre sa fille et le ravisseur, demeuré impuni, a gardé sa proie. (Brochure du *Comité de Défense de l'Enfance d'Algérie*).

L'indigène n'est pas plus maître de ses biens que de sa personne. Tous les jours il est exproprié par les concessions qui sont accordées à des privilégiés parmi les vainqueurs. S'il n'est pas chassé, il est exploité dans le travail qu'il fournit sur sa propre terre au profit de ses usurpateurs. La liberté d'opinion est livrée au même arbitraire. Des journaux indigènes sont interdits par simple décision administrative. Le fait de former un syndicat de travailleurs spoliés de leurs biens, d'avoir une opinion politique, d'écrire dans un journal, de tenir une réunion publique et de prononcer un discours rend passible d'inculpation de « complot contre la sûreté intérieure de l'Etat » et d'internement administratif dans la colonie ou dans une autre plus ou moins éloignée. Les indigènes ne sont d'ailleurs pas électeurs. Ils sont citoyens pour être soldats, recrutés malgré eux pour défendre la « mère patrie », payer des impôts plus élevés que ceux des conquérants qui exploitent leur travail ; mais ils ne le sont pas pour voter et manifester leurs desiderata. Ainsi se continuent sous les apparences du libéralisme verbal créé par une Déclaration des Droits de l'Homme qui n'est pas appliquée, les crimes et les abus qui furent de tout temps ceux de la colonisation. Aussi, les conséquences demeurent les mêmes : travail surhumain, abrutissement des individus, maladie, mortalité, épuisement et extinction des peuples indigènes. Dans toutes les colonies, la civilisation arrive un jour à ne plus régner que sur les ossements blanchis de races disparues. Le drapeau de la *liberté* flotte victorieusement sur le domaine de la mort.

*
* *

Liberté des aliénés

Lorsqu'on pense que la loi du 30 juin 1838 sur le régime des aliénés sert aussi à attenter à la liberté des gens considérés comme sains d'esprit, comment pourrait-on demander que la liberté des aliénés fût respectée ?

Dans l'antiquité, en Egypte par exemple, et aujourd'hui encore chez certains peuples, les mahométans en particulier, la folie à l'état calme était généralement regardée comme « une maladie sacrée, don mystérieux de la divinité, et plus digne de respect et d'égards que de répugnance ». (J. Duval). Les fous vivaient libres parmi les populations. On ne prenait certaines précautions contre eux que s'ils se montraient furieux, et c'est ce qu'on voit encore chez les musulmans, en Turquie, en Algérie, au Maroc. Les chrétiens, qui prétendent avoir apporté au monde l'amour du prochain, virent en euxdes possédés du démon ; ils les enfermèrent, les isolèrent, les enchaînèrent et leur imposèrent des sévices de toutes sortes quand ils n'allèrent pas jusqu'à les brûler comme sorciers. Ainsi s'établirent, pour exister encore aujourd'hui, les maisons d'aliénés, qui sont « des prisons et non des hôpitaux », où les fous traînent une existence de pauvres bêtes en cage. Il a fallu arriver à la fin du XVIIIe siècle, au temps de la Révolution, pour que le savant Pinel « éleva l'insensé à la dignité de malade » et s'efforça d'apporter quelque douceur dans le traitement des aliénés sur qui régnaient des belluaires plutôt que des infirmiers. Mais les aliénés sont toujours internés, traités plus ou moins en bêtes fauves, et l'odieuse loi du 30 juin 1838 a resserré encore plus sur eux le cercle infernal en permettant de faire partager leur sort à des gens sains d'esprit mais encombrants pour la « confrérie des puissants » !...

Il n'y a pas encore un siècle que la science officielle a découvert dans la Campine, en Belgique, un village où, depuis un millier d'années, des aliénés venus de tous les côtés du monde forment une colonie libre, mêlée à la population. Ils y trouvent tous les égards que mérite leur état ; ils y reçoivent tous les soins pouvant leur rendre l'intégrité de leur personnalité. Ils sont soutenus, réconfortés, dans leurs moments de lucidité, par cette impression qu'ils ne sont pas retranchés de la communion humaine. L'histoire de ce milieu, de son organisation, des résultats remarquables et émouvants qu'il a produits, a été racontée par M. Jules Duval, ancien magistrat, dans un ouvrage intitulé : *Gheel, ou une colonie d'aliénés vivant en famille et en liberté.* (Hachette, 1867). L'expérience faite à Gheel depuis si longtemps est décisive ; elle devrait inspirer les administrations compétentes. Mais l'état social où règnent tant de prétentieux ignorants aussi vides de cœur qu'encroûtés de fausse science, a autre chose à faire qu'à s'occuper des aliénés, de leur liberté, du bonheur qu'on pourrait leur donner en faisant qu'ils ne soient plus une charge pour la collectivité. Comme l'écrivait Jules Duval : « Gheel, création des siècles et des mœurs, est trop beau pour être imité par voie administrative ; il y faut trop de dévouement, trop de bonté, trop de cœur en un mot, et aussi trop de liberté pour une organisation purement officielle... C'est un exemple, un modèle, qui rayonne sur le monde par chacun de ses principes et de ses bienfaits ».

La question est la même pour les aliénés que pour ceux appelés « criminels » que l'on astreint, dans les prisons, à une existence improductive et dont on achève la démoralisation. Pour tous, comme pour tous les disgrâciés, les faibles, les exploités, les vaincus, il n'y aura de bonté et de liberté que dans une société où l'on ne subira plus l'injustice et la violence de malfaiteurs subtils et de brutes sanguinaires.

***

Liberté des animaux

Après tant de constatations lamentables sur les conditions de la liberté humaine, peut-on parler de la liberté des animaux sans exciter le rire et les sarcasmes ? Nous devons d'autant plus en parler que l'œuvre poursuivie ici est de protestation contre la sottise qu'engendre l'ignorance et la lâcheté complices de la violence. Nous devons être d'autant plus affirmatifs et énergiques que nous flétrissons un état social que nous voulons voir disparaître, qui disparaîtra quand la raison humaine saura lui en substituer un autre où la liberté ne sera plus un mot mais un fait. Et nous ne méprisons pas assez les hommes, même ceux d'aujourd'hui, pour ne pas leur demander d'avoir pour les animaux certains égards ; ils pourraient, par la même occasion, les avoir aussi pour eux-mêmes.

Nous ne discuterons pas du sacrifice des animaux qui est une nécessité vitale pour l'homme, obligé à se nourrir et à se défendre comme toutes les espèces qui sont dans la nature. Le sort de tous les êtres est d'être à la fois dévorateurs et dévorés ; c'est la loi du transformisme, c'est-à-dire de la vie en incessant mouvement, et dont Shakespeare a montré le cercle dans cette image : « le poisson mange le ver, l'homme mange le poisson et le ver mange l'homme ». Les mystiques eux-mêmes, qui seront mangés un jour malgré leurs prétentions à une vie surnaturelle, et ne mangent pas de viande « pour ne pas tuer », sont aussi meurtriers que ceux qui en mangent. La salade dont ils se nourrissent a autant de droits à la vie que le mouton qu'ils épargnent, et ils ne s'interdisent pas de détruire, à chacun de leurs mouvements respiratoires qui se répètent de quatorze à dix-huit fois par minute, des millions d'animalcules ayant tout autant qu'eux droit à la vie. Mais ce qui n'est d'aucune nécessité, c'est d'ajouter au sacrifice inévitable des animaux l'exploitation et la privation de la liberté pendant le temps qu'on les laisse vivre, quand ce n'est pas le plaisir immoral et odieux de les faire souffrir.

L'exploitation et la souffrance imposées aux animaux participent des mêmse méthodes d'injustice et de violence qui poussent l'homme à se faire souffrir lui-même. Si les animaux domestiques sont arrivés par une accoutumance héréditaire à s'accommoder de la privation de liberté, c'est en échange de garanties de développement et de sécurité que l'homme leur a données et qu'il n'est nullement nécessaire d'accompagner de mauvais traitements. On s'indigne à la lecture de récits d'anthropophagie disant que les « sauvages » ont le soin d'engraisser leurs victimes avant de les mettre en broche. Les « civilisés » en font autant par les gavages barbares qu'ils imposent aux animaux de basse-cour. Il n'est pas d'exploitation plus cruelle que celle imposée par l'homme à sa « plus noble conquête », le cheval, dont il a fait le martyr de la rue, le martyr du cirque, le martyr de la mine, le martyr des étangs à sangsues. Et l'homme qui frappe le plus durement sur les flancs de la bête épuisée est celui que le patronat exploite le plus férocement, de même qu'il est le plus incapable de s'entendre avec les autres exploités pour changer son sort. Inconscience, lâcheté, sournoise satisfaction de venger sa misère sur plus misérable que soi : il y a trop souvent ces choses-là dans les souffrances imposées aux animaux!... Des hommes, des prolétaires, des chairs à travail et à mitraille, vont se réjouir aux spectacles des chasses à courre, des combats de coqs ou de chiens, des « corridas de toros », où l'animal est poursuivi, traqué, torturé, assassiné avec des raffinements sadiques. Ils vont applaudir dans des ménageries les exploits de belluaires grotesques acharnés à faire passer leur propre férocité chez de vieux fauves neurasthéniques, abrutis par les supplices qui accompagnent leur captivité. Ils vont admirer des « animaux savants » à qui on a appris à être aussi sots que l'homme, à coups de fouet, en les faisant marcher sur des plaques métalliques chauffées, en leur enfonçant des clous dans les pieds, quand ce n'est pas en leur crevant les yeux comme aux pinsons « pour les faire mieux chanter »!...

Tant qu'on assistera à l'indifférence des misérables devant la souffrance de plus misérables, l'état social demeurera le même enfer pour tous. Les hommes ont besoin d'acquérir le véritable sens de la liberté en respectant celle des plus faibles. La liberté est inséparable de la justice qui veut la liberté de tous. Lorsqu'ils auront appris le respect des plus faibles, les hommes seront alors capables de l'exiger des plus forts. Tant qu'ils attenteront à la liberté des faibles, vieillards, femmes, enfants, animaux, ils ne seront eux-mêmes que des esclaves, car ils n'auront pas su trouver dans la solidarité des êtres la seule force qui soit capable de faire respecter leur propre liberté.

EDOUARD ROTHEN.

NOTA. — Les questions que nous avons présentées dans notre brochure ont fait, pour la plupart, l'objet d'études et de protestations de la Ligue des Droits de l'Homme. On les trouvera dans ses *Cahiers des Droits de l'Homme*, notamment dans les suivants :

Rapports de police, 25 avril 1924. — *Justice sociale et liberté*, 10 janvier 1925. — *Réforme judiciaire*, 25 octobre 1926. — *Liberté individuelle*, Compte rendu du Congrès National de 1923, Cahiers des 10 juin 1928, 28 février et 20 mars 1929. — *Affaire du professeur Platon*, 10 février, 10 juillet, 5 décembre 1926, 25 avril, 15 octobre 1927, 20 mai 1929. — *Affaire Sacco et Vanzetti*, 10 et 25 avril, 1er octobre, 10 novembre 1927. — *Affaire Bougrat*, 15 juin 1927. — *Droit d'expulsion et réforme de l'extradition*, 20 janvier 1925, 25 février, 1er octobre, 10 décembre 1927, 20 juillet 1929. — *Affaire Ascaso, Durutti et Jover* (extradition), 10 mai 1927. — *Affaire Viretto* (expulsion), 20 mai 1928. — *Lois Scélérates*, 25 décembre 1927, 10 juin 1928.

— *Arrestations préventives*, 10 octobre, 10 décembre 1928, 20 janvier, 30 juin, 1er août 1929. — *Secret de l'instruction*, 30 janvier 1929. — *Abus des instructions criminelles faites par la police*, 10 avril 1929. — *Contrainte par corps*, 10 avril, 10 juin, 20 décembre 1927, 10 janvier, 10 juin, 10 septembre 1928, 10 février 1929. — *Droits de l'enfant*, 10 mars, 10 novembre 1927, 30 mars, 20 mai, 20 novembre 1928, 10 janvier, 20 juillet 1929. — *Liberté et droits de la femme*, 15 octobre 1927, 30 avril, 20 mai, 30 octobre 1928, 30 janvier, 20 juin, 20 août 1929. — *Liberté de réu-*

nion, 10 et 30 septembre 1929. — *Liberté et droits des fonctionnaires*, Compte-rendu du Congrès National de 1923, Cahiers des 10 juin, 30 juillet, 30 août 10 octobre 1928, 10 et 28 février, 10 juillet 1929. — *Affaire Allard* (droits des fonctionnaires), 20 novembre 1928. — *Affaire Rombeau* (innocent condamné), 20 septembre 1928. — *Affaire Adam* (innocent condamné), 10 janvier 1929. — *Affaire Bellon* (innocent condamné), 20 mai 1929. — *Mutineries de Calvi*, 10 septembre 1928, 10 février 1929. — *Affaire Boutreis*, 20 novembre, 30 décembre 1928, 10 janvier 1929. — *Affaire Morelli et officiers espagnols* (extradition), 30 novembre 1928. — *Affaire Balloni* (extradition), 20 février 1929. — *Affaire Zoccola* (extradition), 30 avril 1929. — *Affaire Bartholomei* (extradition), 10 juillet 1929. — *Affaire Incerti* (extradition), 20 août 1929. — *Affaire Vial*, 10 avril 1929.

— *Objection de conscience*, 20 février, 10 mars 1929. — *Liberté et droits des indigènes coloniaux*, 15 octobre 1925, 25 mars, 30 avril, 15 mai 1926, 10 janvier, 10 et 25 mars, 10 et 25 avril, 25 juin, 10 et 25 novembre, 10 décembre 1927, 20 janvier, 20 février, 10 juin, 30 août, 30 septembre, 10 et 30 novembre, 10 décembre 1928, 10 et 28 février, 20 mai, 20 juin, 20 juillet 1929 — *Protection internationale des Droits de l'Homme*, 10 avril 1929. — *La défense de nos libertés*, 10 juin 1929. — *Affaire Kolney* (saisie arbitraire), 10 juin 1929. — *Brutalités policières*, 30 juin, 20 juillet 1929. — etc...

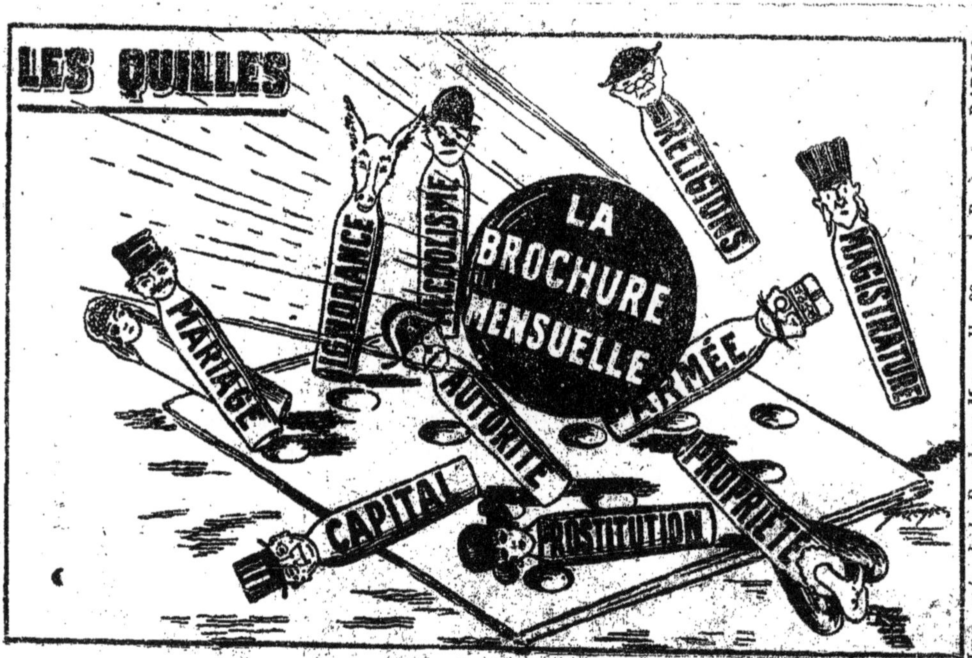

Imp. spéc. de la Brochure Mensuelle, 39, r. de Bretagne, PARIS-3e
Le Gérant : TOUTAN.

www.ingramcontent.com/pod-product-compliance
Ingram Content Group UK Ltd.
Pitfield, Milton Keynes, MK11 3LW, UK
UKHW021949260726
13994UKWH00004B/1636